Political Effect. 04

보 수 의   태 생 적   한 계 를   깨 트 리 자 ! !

젊고 당당한
미래보수

황시혁 지음

답

Political Effect. 04 젊고 당당한 미래보수 황시혁

발 행 일	2024년 01월 04일
1판 1쇄	2024년 01월 04일
펴 낸 곳	도서출판 답
기 획	손현욱
섭 외	강영진
인터뷰어	이쌍규, 현재원
인터뷰이	황시혁
촬 영	이다영
사 진	이다영
홍 보	이충우
출판등록	2010년 12월 8일 / 제 312-2010-000055호
전 화	02.324.8220
팩 스	02.6944.9077

이 도서의 국립중앙도서관 출판예정도서목록(CIP)은 서지정보 유통지원시스템 홈페이지(http://seoji.nl.go.kr)과
국가자료 종합목록 시스템(http://nl.go.kr/kolisnet)에서 이용하실 수 있습니다.

ISBN 979-11-87229-72-8 03340
값 20,000원

황시혁 청년을 처음 뵈었을 때 힘 있는 목소리와 열정 어린 눈빛이 아직도 생생합니다.

진심 어린 응원과 축하의 박수를 보내며 청년 황시혁의 멋진 앞날을 응원합니다.

– 원희룡 국토교통부 장관

호남의 정치 1번지 목포에서 보수의 씨앗을 심겠다며 첫발을 내디딘 청년 보수자유주의자가 이제는 보수의 심장 대구에서 도전장을 내밀었습니다. 편한 길, 안정적인 삶을 마다하고 불굴의 투혼을 발휘하는 남다른 도전정신이 돋보이는 청년입니다.

학업 중에도 편의점 점장으로 성장했고, 관광여행 스타트업을 일군 사업가에서 정치인으로 변신하는 삶의 궤적에서 소신, 신념, 열정을 보았습니다.

혁신이 화두인 시대, 변화와 도전의 성공이 대한민국의 미래를 좌우할 것입니다. 낡은 관성을 깨고자 하는 열혈청년의 목소리가 보수의 희망을 쏘아 올리는 신호탄이 되기를 기대합니다.

- 윤상현 18. 19. 20. 21대 국회의원

대한민국의 청년정치가 발전하려면, 국가 사회를 어떻게 바꾸겠다는 '미래비전'이 있어야 합니다. 저 껍데기만 청년에 불과하고, 습성과 행태는 60대 이상의 정치인들과 다를 바가 없는 청년정치가들도 있습니다. 기성정치인들의 심부름꾼이나 꼭두각시에 불과합니다. 결국, 청년정치라고 하는 것도 청년의 실력이 뒷받침되어야 합니다. 지금의 청년 정치는 엘리트 위주로 돌아갑니다.

그러나 내가 본 황시혁 미래보수 청년연합 대표의 젊은 정치는 도전, 열정, 헌신, 희생, 혁신, 올바름의 미래전략이 살아있는 청년정치를 추구합니다. 낡은 보수가 아닌 대구의 미래보수 정치를 위해 노력하는 그의 새로운 도전에 지역 선배 정치인으로서 많은 격려를 보냅니다.

- 서훈 前 14.15대 국회의원

청년정치의 새로운 장을 만들어준 황시혁 위원장님께 감사의 인사를 드린다.

말로만 하는 낡은 정치가 아닌 실천하고 도전하는 미래정치의 모습에 감명받으며, 귀감을 얻고 있다. 실패를 두려워해 도전을 꺼리고, 대가 없는 노력을 기피하는 요즘, 동시대를 살아가지만 두려워하지 않는 용기를 가진 황시혁을 나타내는 대담집을 보면 앞으로 계속 보일 '미래보수'라는 브랜드가 가지고 있는 가치를 읽을 수 있다.

낡음이 아니라 새로움으로 두려움이 아니라 당당함으로 황시혁과 보수의 미래와 청년들의 미래를 함께 고민하고 싶다.

– 장예찬 국민의힘 청년 최고위원

인터뷰어(interviewer) 소개

이쌍규

　정치평론및 여론조사 전문가로 (주) 리서치넷 대표이사, 대구보건대 사회복지학과 겸임교수, 참여정부 초대 교육인적자원부 부총리 비서관, (주) GIG(Global Investment Group) 대표이사, 팟캐스트 〈나친박〉 진행자 및 책임연출(CP), 〈신념버 쓰리〉 방송기획 및 제작, 스마트 미디어 N 방송본부장 등을 역임했다. 현재, 작가 및 영화기획자로 활동중이다. 공중파 방송 활동으로는 TBN 교통방송 "이쌍규의 통계로 본 세상"을 진행하였고, 저서로는 『여론조사 SPSS로 단숨에 끝내기』(길벗, 1998), 『SPSS를 활용한 여론조사』(삼우사, 2002), 『마케팅 통계실무』(부산광역시

젊고 당당한 미래보수 황시혁

교육청, 2008), 『역사 라듸오 조선1』(글과생각, 2015) 등이 있다. 또한 인터뷰어(interviewer)로 참가한 책은 『Political Effect 1 달려라 김웅』, 『Political Effect 2 이용우의 플랜』, 『Political Effect 3 김선동의 동문동답』(답, 2023) 등이 있다.

현재원

한국외국어대학교에서 영어를 전공하고 KTV, 아시아 경제 TV, OBS 등의 방송국에서 방송을 진행했다. 말과 글, 그리고 정치를 사랑하는 아나운서.

프롤로그

여론조사 전문가가 아니더라도, 총선 여론조사 결과를 백 퍼센트 정확하게 예측할 수 있는 유일한 지역이 대구·경북과 전라도다. 대구·경북은 여전히 야권 출신 당선자를 한 명도 내지 못하는 '야당의 정치적 불임不稔 도시'가 되었다. 이를 두고 다른 지역의 사람들은 흔히 속된 말로 대구·경북을 '돼지여물통Pork barrel'이라고 이야기한다. 마치 돼지농장에서 농장주가 여물통에 사료를 던져주면, 돼지들이 달려드는 모습과 같다며 비아냥거리는 정치적 비유이다. 한마디로 여물통엔 먹을 게 가득한 '행복한 돼지'가 아니라, 농장주의 수혜만 기다리는 '불행한 돼지'라는 의미이다.

우리는 각자 생각하는 이념과 논리가 다르더라도, 조금 더 건강하게 대구·경북 삶의 터전을 자식들에게 물려줄 최소한의 정치적 책임이 있다. 누구도 그 책임에서 예외일 수는 없다. '공천公薦은 곧 당선當選'이라는, '묻지 마! 듣지 마! 보지 마!'라는 '쓰

젊고 당당한 미래보수 황시혁

리 마'의 투표 성향은 반드시 지양해야 한다. 일당의 독점적 정치구조는 내부 구성원의 토론과 주민 협의를 중요하게 생각하지 않는다. 오로지 공천권을 주장하는 권위적 리더에게만 잘 보이면 된다. 대구에 있든, 서울에 있든 연고를 찾아 권위적 리더에게만 줄을 서고 충성 경쟁만 하면 된다. 이러한 정치적 행위는 노예근성의 무능한 국회의원만 구조적으로 배출할 뿐이다.

대구·경북의 미래 보수정치는 하루아침에 외부에서 주어지는 것이 아니라, 내부 동력에서 찾아야 한다. 누가 다선多選의 국회의원이 된다고, 대구·경북이 하루아침에 달라지는 것이 아니다. 미래보수의 젊은 지역인재를 발굴하고 육성해야 한다. 이것은 무엇을 의미하는가? 대구·경북의 내부 발전전략 없이는 '서울 머리, 대구 출신'의 국회의원이 와도, 대구·경북은 절대로 발전하지 않는다. 이제 대구·경북의 미래 권력을 위해 정치적 프레임의 전환을 조용히 고민해볼 때이다. 대구의 새로운 미래는 균형 잡힌 시각의 토론과 공론의 합의 능력이 있는 미래보수 정치세력을 요구한다. 기득권에 안주하지 않는 당당한 새로운 미래보수 정치세력의 등장이 절실한 시점이다.

어떤 개인이건 단체건 자기주장을 펼 때 최소한의 논리論理

와 품격^{品格}을 갖추어야 한다. 품격은 사람 된 바탕과 타고난 성품이며 사물에서 느껴지는 품위이다. 이와 연관된 단어는 품위, 인격, 교양, 품성, 기품이다. 품격 있는 논리와 행동이 요구되는 엄중한 국가 위기의 시기이다. 극단적인 보수와 낡은 진보의 이념적 잣대로 국민을 선동하는 낡은 세력보다는 '이성적 보수'와 '합리적 진보'가 국민통합의 오작교에서 다시 만나야 한다. 그 시작인 미래보수의 품격 방향을 한번 살펴보자.

첫째, 보수와 진보는 상대적인 개념이라는 것을 인정해야 한다. **"어제의 보수가 오늘의 진보가 될 수 있고, 오늘의 진보가 내일의 보수가 될 수 있다"**라는 인식 변화 가능성을 수용해야 한다. 낡은 이념의 잣대가 중요한 것이 아니라, 국민 삶의 현장 속에서 느끼는 현실 이념이 중요하다. 보수와 진보의 차이는 새로운 것을 유지하거나, 변화시키는 단순한 실행 방법의 차이로 바라봐야 한다. 타도할 적군의 주장이 아니라, 대한민국과 함께할 합리적인 경쟁상대로 지켜보아야 한다. 그것이 진정한 국민통합의 시작이다.

둘째, 보수의 품격을 유지해야 한다. 위법과 불법, 탈법을 수용해야만 세상 경쟁에서 이길 수 있다는 '반칙의 신념'을 버려야 한다. **권력자에게 줄 서고 충성을 바치면 옳지 않더라도 결국은 나에게 보상이 돌아온다는 '불의**不義**의 관행 인식'**을 깨야 한다. 보수를 비판하면 '빨갱이', '종북'이라는 메카시 프레임을 사용하는 자를 경계해야 한다. 비판과 견제에 당당하게 맞서 무한 경쟁과 상호 토론하는 열린 자세가 품격 있는 미래보수의 모습이다. 품격 있는 미래보수는 헌법에 보장된 권리와 의무를 지키는 엄격한 사람이다. 친일과 군사독재를 미화하는 자는 보수가 아니다. 이러한 미래보수만이 자유 민주주의의 진정한 파수꾼이 될 수 있다.

아무리 좋은 사상과 이념과 정책을 주장해도 진정성의 신뢰가 없으면, 그것은 '거짓말의 정치 선동'에 불과하다. 선동정치煽動政治 로는 민주주의가 발전되지 않는다. 한국의 보수는 자기 내면을 닦아 내면서 적대적 분노와 미움을 순화시키고, 새롭게 혁신해야 한다. 미래보수로 인식의 진화를 지금부터 당장 준비해야 한다. 이제 그 시작의 변화가 시작됐다. 예절과 예의가 있는 언어와 태도, 경청과 겸손한 인격, 진지하고 배려하는 품격 있는 미래 보수주의자를 이제 우리도 만날 때가 되었다.

　　　　　- 대구를 걱정하는 대구 출신 인터뷰어 이쌍규 씀

대구의 새로운
봄을 품다

"어릴 때 부모님들과 함께했던 시간이 그렇게 많지 않았어요.

그러다 보니까 다른 애들이 부모님과 함께
메가 이벤트 형식인 88 서울올림픽이라든지
축구라든지, 야구라든지 이런 것을 보러 가는 게
너무 부러웠던 것 같아요.

그것이 부럽다 보니까,
'나도 저런 문화를 함께 즐기고 싶은데'라는 생각이 많았어요.

그래서 저는 그 당시부터 지금까지
'문화 관광부 장관'이 되는 꿈이 있었어요.

그 꿈을 통해서 대한민국 사람이라면,
대한민국의 방방곡곡에 무조건 한번은 다 가볼 수 있는
문화 경험의 시간을 만들고, 체험시켜주고 싶었어요."

호기심이 많은 까불이,
칠곡漆谷 소년

이쌍규 먼저 간단하게 자기소개부터 부탁드릴까요?

황시혁 안녕하세요. 국민의힘 중앙청년위원회 부위원장과 미래보수 청년연합 대표를 맡은 보수의 미래를 책임질 미래보수 황시혁입니다. 짧게는 전 국민의힘 목포시 당협위원장을 했었고, 20대 대통령선거 땐 전남 선대본부장, 길게는 21대 국회의원 선거 목포시 출마자였습니다.

이쌍규 고향은 어디입니까?

황시혁   제 고향은 경북 칠곡漆谷입니다. 요즘에는 대구의 강북이라고도 하는데 예전엔 다 칠곡이라고 불렀어요. 칠곡이라는 명칭이 재미있는 지역인데, 조선시대 칠곡읍邑이 칠곡군郡의 중심지였거든요. 대구와 가깝기도 하고. 그런데 81년도, 칠곡읍이 칠곡군에서 대구로 편입되면서 칠곡이라는 명칭을 그냥 가져오게 된 거죠. 그러다 보니 정작 칠곡군에는 칠곡이 없고 대구에 있게 된 거예요. 저는 그런 중심지인 칠곡읍 지역에서 매천초등학교를 나왔고요. 그다음에 관천중학교, 성광고등학교를 졸업하게 되었습니다.

이쌍규   그럼, 성장기는 주로 대구에서 생활했습니까?

황시혁   네. 대구에서 자랐어요. 제가 어릴 때 아버님께서 울산 현대자동차에 다니셨다고 해요. 그래서인지 제 기억엔 메케한 최루탄 가스 냄새가 나던 시위 현장을 갔었던 기억도 있는데, 초중고 졸업도 대구에서 했고, 학교도 대구에서 졸업했습니다.

1부 대구의 새로운 봄을 품다

이쌍규 학창시절 중에 고등학교 때는 어떤 학생이었습니까?

황시혁 갑자기 훅, 고등학교네요. (웃음) 저는 호기심이 정말 많은 학생이었습니다. 세상이 다 궁금했었고, 왜 그렇게 되는지, 호기심이 많다 보니 세상만사 참견쟁이였어요. 그러다 보니 고등학교 때는 많은 애들 앞에서 좀 뭐랄까, 까불까불하는 '까불이' 성격이었지요. 학교에서 하는 축제의 사회도 보고, 댄스 동아리도 했었고, 게임 대회, 농구 대회도 주최하면서 친구들과 어울리길 좋아했습니다. 또 이게 나름의 책임감이 있다 보니 끝까지 결론을 지어주는 스타일이었어요. 나름의 완벽주의자? 그런 거였죠.

이쌍규 고등학교 댄스 동아리 출신이라고 언급했는데, 춤을 잘 춥니까? 아니면 그냥 동아리 행정 서포트만 했나요?

황시혁 잘 춥니다. 저는 서포트Support가 아니라 플레이어Player였습니다. 대구 북구 선린복지재단에서 주최한 제1회 청소년 어울마당에서 대상大賞을 수상할 정도의 실력을 지난 댄서가 바로 접니다. 저는 무대에 있다 보니 사진이 많이 없는데, 아마 친구들의 학창 시절 사진 앨범에는 무조건 제 사진이 하나씩 있을 겁니다. 당시에 예명으로 다른 이름으로 바꿔 쓰며, 나름의 인기를 즐기기도 했습니다. 학교 동아리 활동이나 축제 등의 행사를 할 때 무대에는 제가 항상 있었습니다.

이쌍규 진짜요? 거짓말하면 안 돼요. 아직 춤의 끼는 남아 있나요?

황시혁 (웃음) 거짓말 아닙니다. 나름의 책임감이 있다니까요. (웃음) 나이에 비해 춤의 에너지는 아직 남아 있습니다. 나중에 기회가 되면 보여 드릴게요.

이쌍규 어린 시절의 나를 가장 압축적으로 표현하는 단어가 있다면?

황시혁 '진중한 호기심의 탐험가'라는 단어가 저를 제일 잘 대변하는 단어인 것 같습니다. 호기심이 많으면 많은 것을 관찰하게 됩니다. 관찰하면서 '아 저것은 왜 그렇지?'라고 거꾸로 탐구하게 되는 방향성을 만들어 갈 수 있고요. 또한, 다른 사람들에 관한 관심이 커져서, 본의 아니게 '간섭쟁이'가 되는 경우가 많았습니다.

이쌍규 호기심이 많다는 것은, 어떻게 보면 '관종끼'가 많다는 의미인가요?

황시혁 '관종끼'라는 것이 어찌 보면 '호기심'의 한 부분입니다. 특히, 제가 가진 사람에 대한 호기심은 '관심'이었어요. 그래서 사람들이랑 어울리는 것을 꽤 좋아하다 보니 집단을 만드는 것도 좋아했어요. 혼자 놀고 있는 친구가 있으면 데리고 와서, 아웃사이더Outsider끼리 또 한 무리를 만들어주고, 또 다른 무리에 가서 또 다른 한 무리를 만들어주고... 그리고 같이 게임 대회도 하고, 농구 스포츠 대회도 하고 그런 것을 많이 했었죠.

이쌍규 고등학교 일진 조직을 만들고 그런 것은 없죠?

황시혁 싸움을 못 해서 일진은 못 했습니다. (웃음)

이쌍규 어린 시절 본인 성격의 장. 단점은 무엇인지?

황시혁 제가 겁이 좀 없었던 것 같아요. 친구들과 항상 함께였기에 애들을 데리고 다니면서, 수업 중간에 나가서 농구 시합도 하고 그랬습니다. 기억에 남는 건 시험 칠 때 먼저 끝내고 나오는 애들 있잖아요? 그러면 언제까지 나와라, 정해 놓고 미리 계획해서 게임하고 그랬는데 그 후 선생님이 혼을 내시면 제일 먼저 학생들을 대표해서 무릎 딱 꿇고 '죄송합니다' 하고 용서를 비는 해결사 역할을 자처했습니다. 일종의 책임감이라고 볼 수 있지요. 제가 한 일은 처음부터 끝까지 책임진다는 자세가 저의 장점이라면 장점이지요. 굳이 단점이라고 한다면, 친구들과 무슨 활동을 할 때도 호기심이 많아서, 친구들이 감당 못 하는 조금 선 넘는(?) 행동들을 했습니다.

이쌍규 선 넘는 행동이란 구체적으로 어떤 것인지?

황시혁 예를 들면, 선동(煽動) 같은 건데 선생님들은 지금 뭐할까? 라면서 '선생님 집에 놀러 가자' 그냥 그 말 한마디로 전부 다 선생님 집에 몰려서 놀러 가거나, 학교에 있을 땐 PC방에 자리 많을 거다. 자율학습 시간엔 오늘은 모두 튄다, 해서 전부 PC방에 간 적도 있었죠. 지금 생각하면 나 이외의 생활이 궁금했던 것 같아요. 각자 개개인의 생활이 어떻게 되고 있을까? 하는 호기심이 그런 행동들을 많이 하게 했던 것 같아요. 그리고 일단 저는 시도試圖부터 먼저하고, 책임은 그다음에 생각하는 스타일인지라 친구들이 애를 많이 먹었죠. 아! 저의 가장 큰 일탈은 오토바이 타고 싶어서 신문 돌려 본 정도입니다. 우등생은 아니었지만 평범하고 엉뚱한 학생이었을 뿐이었어요.

이쌍규 그러다 보면, 일으킨 문제가 있을 거 아니에요?

황시혁 제 고등학교는 학교 담벼락이 꽤 높았는데, 당시에 유행했던 스타크래프트 게임[1]이 있었어요. 그때 자율학

---

1 1998년 3월 31일에 출시하여 게임이 발매된 지 25년이 된 지금도 새로운 빌드와 갖가지 즐기는 방법들이 만들어지고 있는 블리자드 엔터테인먼트에서 제작한 실시간 전략 게임(real-time strategy, RTS)임이다. 뜻은 항성(star) 기술 (craft)이다.

젊고 당당한 미래보수 황시혁

습 시간 중 게임 대회를 하자고 제안해서 친구들이랑 '게임 대회'를 열었는데, 시간이 급해서 학교 월담을 시도한 적이 있었지요. 그런데 그중에 친구 두 명이 다리가 부러져서, 문제가 조금 있었죠. 다행히 당시 선생님과 학부모님들이 이해해 주셔서 큰 무리 없이 원만하게 처리했습니다.

88 올림픽, 호돌이 배지에
숨어있는 소년의 꿈

현재원 아주 범상치 않은 어린 시절을 보내신 것 같습니다. 그렇다면 황 대표님을 이렇게 훌륭하게 키워주신 부모님은 어떤 분이셨는지, 그리고 내 삶에 어떤 영향을 미쳤는지가 궁금합니다.

황시혁 그냥 범상했어요. 다만 호기심이 강하고 실행력이 있다 보니 그런 일들이 생겼었는데. 호기심을 가질 수밖에 없었던 가족 환경이 좀 있어요. 저희 부모님은 저에게 뭐랄까 방종과 같은 자유를 주셨어요. 모든 선택의 권한을 저에게 주셨습니다. 원래 호기심이 많은 상태인 데다 선택의 폭 또한 자유로웠습니다. 그래서 해

보고 싶었던 것은 마음껏 했던 것 같아요. 다만 책임도 본인이 져야 한다는 위험은 있었지만, 잘못이라고 생각할 만한 것은 하지 않았기에 뭐든지 할 수 있었던 것 같아요. 제가 어떤 일을 할 때 항상 부모님의 믿음에 대한 책임감을 강하게 생각했던 것 같아요. 자유를 가질 수 있는 권리는 책임이다, 라는 것이 그때부터 생겼었죠. '부모님의 믿음'의 힘일까요? 책임지는 자세가 저의 삶에 자연스럽게 생기게 된 점은 '믿음'이 큰 영향을 미쳤다고 생각합니다.

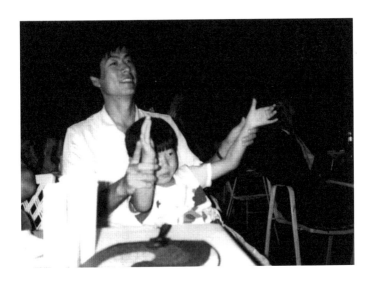

이쌍규 부모님의 믿음을 구체적으로 예를 들어 이야기하신다 면?

황시혁 부모님이 저에게 뭐 해라고 한 적은 한 번도 없었습니 다. 제가 고등학교 때 춤춘다고, 덜컥 H.O.T[2] 문희준 씨가 있는 기획사에 오디션 보러 서울에 올라갔습니 다. 오디션을 보고, 본격적으로 가수가 되기 위해 서울 에 올라갈 경비를 부모님에게 요청했습니다. 답은 단 호히 노(No)였습니다. 뜻은 존중하지만, 본인 스스로 알아서 하라고 이야기하셨죠. 결국, 부모님에게 경제 적 지원을 받지 못해서 서울 만둣집에서 아르바이트하 면서 춤도 배우고 노래도 배웠던 기억이 있습니다. 그 만큼 학교 수업이 빠졌을 거잖아요. 그래서 대구에 내 려가 선생님이랑 다시 이야기해서 정리하니 부모님은 흔쾌히 동의해 주셨어요. 그때가 고3이었는데 말이죠.

---

2 SM엔터테인먼트의 첫 보이그룹으로, 한국 아이돌 문화의 전성기를 일으킨 최초의 그룹이다. 1996년 9월 7일에 데뷔한 H.O.T.는 서태지와 아이들의 은 퇴 이후 부재하던 '10대들의 우상' 리를 단숨에 차지하며 대중문화계의 아이콘 이 된다. 음악과 멤버 구성에서부터 패션, 활동 방식, 팬클럽 등 H.O.T.가 하는 모든 것이 유행하면서 가요계의 판도를 바꾸었다. 당시 이들의 인기는 하나의 문화 현상, 사회현상이라 일컬어도 충분하다.

젊고 당당한 미래보수 황시혁

이쌍규　고등학교 때 아이돌 가수 지망생인 거예요?

황시혁　요즘엔 연습생이라고 하죠? 어찌 보면 가수 지망생 후보자쯤 될 수도 있겠네요. 당시엔 갑작스러운 대중문화를 겪게 되었고, 있어 보였고 멋져 보였던 것 같아요. 지금 아이들의 꿈이 유튜버가 압도적 1위인 거 아시죠? 사람의 삶에서 환경적인 요소와 영향력을 무시할 수 없어요. 저는 정면으로 그 경험을 겪었던 거죠. 당시에 저랑 같이 어울렸던 사람들이 신화라는 가수 지망생들이나, 가수 준비하는 사람들이다 보니 같이 춤도 추고 그랬는데 결국 기획사에 들어가지는 못했어요.

이쌍규　나중에 선거운동 하시면, 선거운동 춤 같은 것도 유권자들한테 보여줄 수 있겠네요.

황시혁　실력 좋은 후배들이 많아서... 그래도 선거운동 춤은 보통 이상 출 수 있습니다. 당당하게 자신 있게 보여드리겠습니다.

현재원 이렇게 범상치 않은 어린 시절을 보내시면서, 가장 후회되는 순간이 있다면 어떤 순간일까요?

황시혁 제가 마흔이 넘어서면서 느낀 것은 대한민국에서는 공부라는 것이 정말 '중요한 위치를 차지하는구나!'입니다. 호기심이 너무 많고, 다재다능한 능력이 있다 보니, 공부보다는 지금 바로 비교가 가능한 체육과 예능 쪽으로 빠져들게 되었습니다. 초등학교 때는 육상부를

하면서 전국체전에 나갔었거든요. 그다음에 중고등학교 넘어오면서 육상과 농구를 했었고, 성인이 되면서는 우슈도 했었어요. 경북 경산시 대표로 나갔습니다. 그런 걸 주로 하다 보니까 공부하는 시간이 항상 부족했어요. 아시다시피 공부가 한꺼번에 레벨이 막 올라가는 건 아니니까. 그래도 성적은 괜찮았는데, 공부를 제때 못했다는 것을 좀 후회합니다.

현재원 어렸을 때 장래 희망이나 따로 이루고 싶었던 꿈이 있었나요?

황시혁 제가 보통 어디를 가야 한다, 가고 싶다, 이야기하는 스타일이 아닌 데 꼭 가야 한다고 강한 의지를 보였던 행사가 대전 EXPO였어요. 부모님이 맞벌이하셔서 저와 함께했던 추억이 많지 않았는데, 다른 애들이 부모님과 함께 어디를 갔다 왔다는 이야기를 들으면 너무 부러웠던 거 같아요. 그것이 어느 정도 성장을 했어도 남아 있었던지 강하게 어필해서 갔다 왔었죠. 그런데 부모님께 부담이 되나? 생각할 겨를도 없이 너무 좋았던 거예요. 그때 문화나 경험이라는 가치에 한 발짝 다가서게 된 사건이었어요. 그래서인지 그때부터 '문화관광부 장관'[3] 이 꿈이 있었어요. 그 꿈을 통해서 대한민국 사람이라면 무조건 한 번은 다 가볼 수 있는, 대한민국의 방방곡곡에 있는 문화 경험의 시간을 만들고 체험시켜주고 싶었어요. 아마 이러한 문화적 경험을 만들 수 있는 사람은 '문화관광부 장관'이 아닌가 생각해서 어릴 때부터 계속 꿈을 가졌던 것 같습니다.

이쌍규 국민에게 문화를 공유하고, 문화를 제도적으로 경험시켜준다는 뜻인 것 같습니다.

현재원 지금 가지고 계신 어린 시절의 물건 중에 특별히 소중

---

3 문화 · 예술 · 방송행정 · 출판 · 간행물 · 체육 · 청소년 · 해외문화홍보 및 관광에 관한 사무를 관장하는 우리나라 중앙행정기관을 말한다. 1998년 2월의 정부 조직 개편으로 종래의 문화체육부가 문화관광부로 개칭되었다. 문화관광부는 2008년 조직 개편에서 국정홍보처 등의 기능을 흡수하여 문화체육관광부로 개편되었다. 1998년 2월에 설립하여 국무위원인 장관 그리고 차관이 각 1인이 있었다. 그 밑에 차관보와 기획관리실 · 종무실 등의 2개 실, 문화정책국 · 예술진흥국 · 문화산업국 · 관광국 · 체육국 · 청소년국 등의 6개의 국과 총무과, 그리고 장관 밑에 공보관, 차관 밑에 감사관 각 1인을 두었다. 소속기관으로는 한국예술종합학교 · 국립중앙박물관 · 국립국어원 · 국립중앙도서관 · 해외문화홍보원 · 국립중앙극장 · 국립현대미술관 · 국립국악원 · 국립영상제작소 · 정부 간행물제작소 · 국립민속박물관 · 현충사관리소 · 세종대왕유적관리소 · 칠백의총 관리소 등이 있다.

하게 생각한 물건이 따로 있으신가요?

황시혁 우리나라에서 성공한 메가 이벤트가 몇 개 있는데 그 중 가장 유명한 것이 '88서울올림픽'이에요. 엄청난 상징성이 있고 세계에 대한민국이라는 이름을 알리게 된 이벤트인데, 88서울올림픽 '호돌이'라는 캐릭터가 있어요. 호돌이 캐릭터로 배지를 만들어 놓은 상패 같은 게 있는데 그것을 항상 보면서, '이런 문화를 어떻게 만들 수 있을까?'라고 생각을 많이 했습니다.

현재원 본인의 성격 형성이나, 혹은 학업 성취에 있어서 가장 많은 영향을 준 것이 무엇이 있을까요?

황시혁 말이 앞뒤가 좀 안 맞을 수 있는데, '자유의지와 책임 감'이 저의 성격 형성에 가장 영향을 많이 미쳤다고 생 각합니다. 그렇다 보니 관광여행 산업[4]를 할 때도 대

———————

4 관광여행 산업 주체를 흔히 '여행사'로 표현한다. 옛날에 영세한 회사 상태를 표현하는 명칭이다. 그러나 이제 관광여행 산업은 '전문화'와 '세분화'가 되어 있다. 시대를 반영하는 용어로 변경해야 한다. 그래서 필자는 여행사를 '관광여행 산업'으로 다시 재정의한다.

표였고, 관광 IT산업 할 때도 대표였습니다. 그리고 항상 '나의 직원들은 끝까지 책임진다.'라는 자신감과 용기가 있었던 것 같습니다. 착한 대표였죠. 그래서 돈을 많이 못 벌었는가? 그런데 학업 성취에도 이런 책임감이 있어야 하는데, 학업 성취 쪽은 책임감이 좀 부족했던 것 같습니다. (웃음) 후회합니다. 다시 돌아가면 공부 열심히 할 텐데.

현재원 개명改名하신 것으로 알고 있습니다. 개명한 이유가 따로 있으신지, 그리고 본명은 어떻게 되는지가 궁금합니다.

황시혁 제가 흑토가 두 개 붙어 있는 홀 규, 서옥 규圭에, 으뜸 원자元를 써서 '규원圭元'이라는 이름이었습니다. 규원이라는 이름을 제가 21대 총선 때까지 썼었는데, 이름 때문인지 제가 외로움을 정말 많이 느꼈습니다. 제일 많이 감정이 북받쳤을 때가 목포에서 출마할 때인데, 같은 대한민국 안에서 있으면서 이렇게 '혼자 있다'라는 생각이 너무 많이 들더라고요. 물론 제가 희망적 사람인지라 목포에서 더 많은 사람을 만들어 낼 수 있다

젊고 당당한 미래보수 황시혁

기대하고, 더 많은 당원과 시간을 보낼 것이라 믿으면서 했었지만, 목포 당협위원장을 지역민에게 돌려드리고 다시 제 고향으로 오면서 더 크게 보자며, '시원하게 혁신하겠다'라는 의미로 부쳐서, 볼 시視자에, 클 혁奕자를 써서 '시혁視奕'이라는 이름으로 개명했습니다.

현재원 이번에는 타임머신을 타고 어린 시절로 돌아가 보도록 하겠습니다. 어린 시절 황시혁에게 딱 한 마디만 할 수 있다면 어떤 말씀을 하실까요?

황시혁 '공부 좀 하자' 만능 재주꾼, 사람들이 많이 좋아하고, 그들이 좋아하는 말도 잘하고 잘생겼잖아. 인기도 좋았고, 그런데 아쉬운 건 공부만 잘했으면, 넌 모든 것을 더 잘할 수 있었어. 그렇다고 의기소침하지 말아라. 지금도 넌 잘하고 있어. 조금만 더 노력해.

도전과 실패를 두려워하지 않는,
관광 산업의 혁신사업가

현재원 대학은 혹시 어느 대학을 진학하셨는지? 듣기로는 전
공이 조금 독특하다고 들었는데요. 관광 경영. 그리고
언론영상학과를 선택하셨다고 해요. 선택한 특별한 이
유가 있을까요?

황시혁 대구에 있는 가톨릭대학교를 갔어요. 원래 제가 문화
를 많이 배우고 싶었거든요. 문화학과를 가진 학교가
가톨릭대학교밖에 없었어요. 저희 때는 가군, 나군, 다
군, 이렇게 학교를 선정하는데, 학교가 우선 하나밖에
없었고, 군대를 갔다 오고 나니까, 관광문화학과가 관
광경영학과로 바뀌었습니다. 졸업할 때 되니까 호텔

젊고 당당한 미래보수 황시혁

경영학과로 또 바뀌더라고요. 그러다 보니 제가 원하는 걸 더 공부하고 싶어서 복수 전공을 선택했고, 저는 언론 영상학과를 복수로 선택했습니다.

현재원 대학 생활을 하시면서 어떤 분야에 관심을 많이 가지셨는지?

황시혁 저희 때 가장 유행하던 '스타크래프트'라는 게임이 있는데요. 사람들이 거기에 몰두하고 매진하고, 게임문화를 만들어 간다는 게 제일 신기했어요. 그래서 e스포츠[5]에 관한 온라인 인터넷 문화에 많은 관심을 가졌었습니다.

현재원 혹시 병역 관계는 어떻게 되실까요?

---

5 e스포츠란 컴퓨터 및 네트워크, 기타 영상 장비 등을 이용하여 승부를 겨루는 스포츠로 지적 능력 및 신체적 능력이 필요한 경기이다. 대회 또는 리그와 같은 현장으로의 참여, 전파를 통해 전달되는 중계의 관전, 그리고 이와 관계되는 커뮤니티 활동 등의 사이버 문화 전반 또한 e스포츠 활동에 속한다.

젊고 당당한 미래보수 황시혁

황시혁 저는 1111[6] 출신입니다. 대구 1기동대, 소위 말하는 의무경찰, 의경이라고 얘기하는데, 시위가 일어나면 제일 앞에 서 있는 '인간 방패막이'라고 생각하시면 될 것 같습니다. (웃음)

이쌍규 그러면 시위 현장에 많이 나가셨겠네요?

황시혁 저의 때는 부안 핵폐기장도 갔었고, 농민대회, 산업데모 현장, 금속노조, 민노총, 미군 부대 시위 등등 많이 갔었습니다. 그러다 보니 재미있는 에피소드가 하나 있는데, 제가 부안 핵폐기장 지원 갔을 때, 당시에 '실미도'라는 영화를 찍고 있었어요. 그 실미도 현장을 저희가 지키고 있었는데 거의 마을 하나를 통째로 세트장으로 만들어서 하더라고요. 그 장소가 '실미도' 영화의 마지막 엔딩 촬영장소였습니다. 그땐 정말 신기했어요.

---

6 대한민국 육군 소총수에 한정된다. 일반적으로는 아무런 특기가 없으면 대부분 이걸 받는다. 대다수의 육군 장병 출신 예비역이라면 이 특기인 경우가 많다. 예전 주특기번호 체계에서 속칭 '일빵빵'이라고 하면 이 소총수 특기를 지칭한다. 대한민국 성인 남자의 70% 이상은 이 코드를 달고 군 생활을 했던 사람들일 것이다. 육군으로 가는 사람이 대부분이기 때문이다.

이쌍규 본인 약력 중에 미시간 주립대학에서 공부했다는 게
있는데, 외국에 유학 간 이유가 무엇이고, 중도에 포기
한 이유가 뭔지?

황시혁 대학교 때 편의점을 운영했는데, 편의점은 갇혀 있는
폐쇄적인 영업 공간이거든요. 모든 자영업자가 다 그
렇습니다. 작은 구역에서 맴도는 쳇바퀴의 삶 속에 지
루할 즈음 어느 날 인터넷에서 중국 사람이 멋지게 이
야기한 게 있었어요. '세상이 넓다고 하는데, 내가 한
번 가보겠소'라고 어떤 사직서 내용인데, 저도 비슷한
생각을 했던 것 같아요. '세상이 넓다고 하니 한번 가

보고 싶다' 경험을 많이 해보고 싶었어요. 그것도 세계 1등의 나라라고 하는 미국에서, 이 사람들은 어떻게 사는지 한번 보고 싶었습니다. 그래서 학업과 병행해서 가게 되었습니다.

'포비든 프루트'(forbidden fruit)라고 아세요? 우리나라 말로 선악과(善惡果)라 하는데 어느 영화에 보면 인간은 선악과를 통해 자유의지를 표출했다 합니다. 그와 동시에 책임 소재를 가지게 되었죠. 저에겐 유학 역시 자유의지였습니다. 그런데 갑자기 환율 파동이 있었어요. 당시 800원 환율일 때 미국에 갔는데, 1년쯤 있으니 1,300원대 환율로 올라서 이건 도저히 안 되겠다 싶어 강제로 송환되었습니다. 유학을 포기한 것이 아니라, 외부적인 환경에 의한 현실에 귀국을 결정했고, 그것도 실패라기보다 미국 경험이라는 목적을 이루었으니 상당히 만족하고 있습니다. 나중에 제가 필요하면, 다시 또 미국에 가면 되니까요.

이쌍규 언제 유학 간 거예요? 유학 간 대학에서 무슨 과를 선택한 거예요?황시혁대학교 3학년 때 나가야겠다 결심했어요. 군대도 갔다 왔고, 편의점에 있는 시간이 지루

했었거든요. 게다가 대학을 졸업하면 경험하기엔 늦을 거 같아서 무작정 편의점을 정리하고 토론토 어학연수를 시작으로 미시간 주립대학교로 갔어요. 학과는 조직심리학을 하려 했는데 학부도 마치지 못해서 그렇다 할 인증서는 없습니다. 그냥 후배인 애들이 몇몇 남아 있습니다. 뭐 증거는 없는데 증인만 남아 있어서, 사실 미시간 이야기는 다른 데서 잘 안 해요. 굳이 학력을 뻥튀기할 필요도, 학력 세탁을 할 이유도 없어서. 필요하면 함께 있었던 동생들이 증언해 줄 겁니다. 나름 제가 영어는 잘했거든요. 애들한테 제가 영어를 가르쳐 주곤 했어요.

이쌍규 지금 대학원을 준비하고 계시다는데, 대학원은 왜 가려고 합니까?

황시혁 좀 더 많은 견문을 넓히기 위해서는 다시 갈 필요가 있다고 생각했습니다. 제가 국민의힘이라는 정치집단에 있다 보니까, 사람들과의 연대와 유대에 관해서 굉장히 호기심과 관심이 커졌습니다. 그래서 사람에 대해 더 공부하고 싶어졌습니다. 대학원은 사람이 많은 서울에서 공부할 계획이고요.

현재원 대학을 졸업하시고, 첫 직장생활은 어떻게 시작했습니까?

황시혁 언론영상학과를 전공으로 하고 있다 보니 언론매체로 가고 싶었는데, 점점 알면 알수록 딱딱한 언론매체보단 대중매체에 호기심이 더 많아졌고, 그중 15초의 예술이라고 하는 상업 광고는 저에겐 '꽃'이었습니다. 그때 마침 친구들이 서울의 방송국에서 일을 하고 있어서 추천받았었어요. 전 세계가 그렇겠지만 '친구'라는 단어가 주는 연대는 첫 만남에서 밑도 끝도 없이 신뢰를 주기 마련입니다. 아무 정보도 없는 사람보다, 보편적으로 가지고 있는 이미지에 그 답을 고정관념 안에 넣어 버리는 거죠. 저도 그 비슷하게 첫 직장을 시작하게 되었어요. 그리곤 엄청나게 엄청나 고생했습니다. '친구' 덕분이었죠.

현재원 CF계에 계셨다고 하셔서, 모델로 일을 하신 줄 알았는데요. 그다음에는 관광업에서 일을 하셨다고도 들었어요. 그리고 관광 IT 쪽 소프트웨어 개발 스타트업은 어떻게 창업하셨습니까?

황시혁　제가 CF모델도 잠깐 했었어요. 모델이라기보다 연출이다 보니까, 촬영 감독들이 쉬는 시간마다 카메라 앞에 저를 세웠었고, 실제 촬영도 몇 번 했었어요. 작품도 몇 개 있습니다. 다만 제가 영상 쪽에 '꽃'을 못 꺾은 건 선천적으로 타고난 장애 아닌 장애의 취약점 때문인데, 제가 '색약'이라는 게 있어서, 100가지 색깔 중에 제가 볼 수 있는 것은 80개이고, 20개는 제가 좀 구분하기가 힘들어요. 지금은 영상 미디어 시대인데 이런 취약점을 가지고는 힘들겠구나 생각해서 바로 사직서를 냈지요. 대구에 왔을 땐 관광 문화학을 배웠으니까, 그러면 여행 문화를 한번 만들어보자 해서 '관광업' 쪽으로 취업했고, 현재 관광업의 비효율적인 시스템을 바꾸려고 온라인 시스템을 만들었어요. 그것이 곧바로 관광 IT로 성장해서 관광여행 산업 스타트업으로 이어졌죠. 당시 제가 온라인시스템 만들 땐 관광 IT나, 관광 소프트웨어니 그런 단어 자체도 없었고, 사람들이 이해를 못 했어요. 그래서 세계적으로 유명하다는 구글 지사장을 만났는데 구글 코리아도 불가능하다고 했으니까요. 그때 제가 낸 관광 특허가 지금의 저를 만들어 준 반석이 된 겁니다.

현재원 문화에 대해서 끊임없이 관심을 많이 가지고 계셨네요. 그렇다면 회사의 대표로 계실 때 직원으로부터 어떤 평가를 받으셨나요?

황시혁 저희 직원들이라 해도 그들에게 물어본 건 없지만 제가 느낀 것으로 말씀드리자면 저를 많이 어려워했어요. 버거워했다 해야 하나? 전 세계를 상대로 저희가 비즈니스를 하는 거잖아요. 그런데 호기심이 너무 많다 보니까, 매일매일 새로운 것을 찾고 새로운 미디어와 새로운 이슈들을 찾아서 이야기하는데, 저만큼 호기심이 없는 사람들은 그 점을 힘들어하고 버거워하는 과정들이 많이 있었습니다. 새로운 걸 찾고, 찾은 것은 공부해야 하고, 익히고, 현재의 시스템에 맞추거나 새로운 시스템을 만들어 내거나 하는 것을 즐겨야 하는데 그것이 잘 안되는 것 같았어요.

현재원 직장 후배들에게 가장 중요하게 강조하는 업무 자세는 무엇이 있을까요?

황시혁 '항상 배워라.' 세상이 정말 빨리 변하더라고요. 지난달에 갔다 왔던 관광지가 바뀌어버리고, 사람들의 트렌드가 바뀌면서 소비할 수 있는 방법론도 바뀌고 수익 구조의 다양성도 생기는데 그걸 따라가다 보면 지쳐버리니 항상 배움의 자세를 가지고 있으면서 생각의 전환으로 먼저 앞서 나가 만들어 내기 위해서는 우선 '항상 배워라.'라고 저는 이야기했던 것 같아요. 그것이 그들에게는 또 어려웠던 것 같고...

사실 '코인'이라는 것도 어찌 보면 마일리지 같은 거고 마일리지는 회사에서 생성하는 것이고, 그걸 연계시키는 것이거든요. NFT라는 것도 현재의 회원권과 비슷한 개념으로 볼 수도 있다는 것이죠. 어떤 것을 어떻게 이해할 것인가는 정답이 없어요. 그러면서 서로 회의하다가 디벨롭 하는 것인데 익숙하지 않은 것을 찾아 배운다는 것이 항상 중요하다. 그러니 늘 배워라!! 항상 배워라!! 강조하게 됩니다.

현재원 '관광여행 산업'을 하실 때나 'IT 스타트업'을 하실 때 가장 힘들었던 것이 어떤 거였을까요?

황시혁 의외로 한국 사람들이 자기가 뭘 원하는지 잘 모릅니다. 소비의 방향과 패턴이 예전과는 다르게 '비교'로 인해 소비가 일어나거든요. 그러다 보니 본인의 의사 결정보다 타인으로 인한 결정에 많은 혼란을 가져옵니다. 그러다 보니 어떤 것을 이야기할 때 어디가 좋을까요? 어떻게 하는 게 좋을까요? 이런 질문들이 많습니다. 그런데 사람들은 내재되어 있는 답변이 다 있어요. 본인의 현재 상황을 잘 아는 것이죠. 그 답변을 맞춰야 하거든요. 그것이 너무 어려웠던 것 같아요. 어떻게 보면 우리가 지금 정치를 하면서 국민이 원하는 것을 찾아내는 방법과 똑같습니다. 답이 정해져 있는 사람들의 답을 알아내는 일이 가장 어렵죠. 말을 해주지 않으니까요?

코로나가 가져다준
정치 도전의 기회

이쌍규   본인이 생각하는 문화란 무엇인가요?

황시혁   문화는 '사람들이 즐기고, 살아갈 수 있는 삶의 원동력을 주는 힘'이라고 생각합니다.

현재원   청년 창업을 요즘에 많이들 꿈을 꾸고 있는데, 청년 창업을 꿈꾸는 청년들에게 드릴 말씀이 있다면?

황시혁   겁내지 말았으면 좋겠어요. 원래 창업을 할 때 각기 새로운 기술들을 많이 가지고 오는데, 그 기술들이 이미 유출된다고 많이 생각들 하거든요. 어차피 우리가 가지고 있는 기술들은 세계에 다 있습니다. 그걸 어떻게 실현할 것인지 생각을 해야 하니까, 끊임없이 도전하고 실패하면서 상처를 잘 마무리시켜야 성공을 할 수 있습니다. 저도 함께 돕겠습니다.

현재원 지금까지 20대, 30대, 40대를 살아오신 과정을 각각 하나의 단어나 문장으로 특정한다면, 어떻게 표현할 수 있을까요?

황시혁 20대는 무모함. 30대는 도전. 40대는 푹 익은 김치로 표현하겠습니다.

현재원 40대를 '김치'라고 표현하신 이유가 있을까요?

황시혁 김치는 숙성의 과정을 거쳐야 맛이 더 있습니다. 40대가 되어 숙성의 단계가 되면 사람들에게 더 많이 인정받을 수 있다고 생각합니다. 어떻게 보면 사람의 인생 자체가 김치의 숙성단계와 맞물려 있지 않을까, 라고 생각합니다.

이쌍규 황 대표님은 50대가 되면 '묵은지' 되겠네요. 그죠?

황시혁 묵은지는 또 다른 것에 곁들이면 정말 맛있잖아요. 그때는 주연을 후배들에게 물려 주고 조연으로 물러날 준비를 해야 하니 딱 맞는 것 같아요. 숙성의 최고 단계까지 끝까지 노력하겠습니다.

현재원 인생에서 현재 나를 만들어준 결정적인 시기 혹은 사건이 따로 있을까요?

황시혁 코로나라는 전 세계적 유행이 정말 결정적이었습니다. 원래 정치에 관심도 있고, '정치를 한번 해보겠다'라는 생각도 평소에 가지고 있었는데, 항상 현실이라는 것이 가로막고 있었죠. 그런데 코로나라는 사태가 딱 벌어지고 나서 이 대유행이 저를 정치로 이끌었던 것 같아요. 많은 사람이 힘들어할 때, 정치인이나 리더들, 누군가를 대표하는 사람들은 문제에 대해 대안을 내놓아야 한다고 생각합니다. 왜 예전에는 촌장, 이장과 같은 분들에게 찾아가서 지혜를 빌리곤 했잖아요? 저 같은 경우에는 관광과 문화 쪽에 있었는데 사회적 거리 두

기, 몇 명 집합 금지, 뭐 이동 제한 이런 것들이 있었잖 아요? 그래서 이쪽 사람들이 특히나 힘들어했어요.

그때 저는 정치인과 리더들에게 많은 실망을 했었어요. 무슨 힘들다고 말을 한다 해도 누가 서민의 말을 들어 줍니 까? 서민은 참는 거였죠. 그런데 서민이 참는다고 그 일이 끝나는 것도 아니고 나라 발전도 되는 것도 없는 데, 그래서 이런 사람들을 어떻게 대변할 수 있을까, 라는 생각을 많이 했습니다. 코로나가 저에게는 가장 큰 '인생의 전환점'이라고 할 수 있을 것 같습니다.

현재원 말씀해 주신 코로나가 많은 분께 굉장히 힘든 그런 기 억이었을 텐데, 이렇게 넘기 힘든 난제에 부딪혔을 때 일들을 해결하거나 또 풀어갈 수 있는 황 대표님의 고 유한 방법이 따로 있을까요?

황시혁 저는 끊임없이 '후회한다.'라고 말씀을 드릴 수 있을 것 같아요. 후회하고, 반성하고 성찰하면서 다신 안 그 래야지, '다음 선택에는 조금 더 좋은 것이 있겠지'라 고 마음속으로 답변을 하고 생활합니다. 그리곤 또 선배님들을 찾습니다. 인생의 노하우를 가진 분들이죠. 경험자들이시기도 하고요. 선배님들께 이야기하죠. '어떨까요? 이럴까요? 어떤 방식이 더 좋을까요?' 그것이 저의 답과 가장 맞아떨어졌을 때, 저에게는 해답의 실마리가 풀리는 기회가 됩니다. 끊임없는 소통의 결과이지요.

현재원 혹시 황 대표님 닉네임이 따로 있으신가요? 있다면 의미는?

황시혁 저는 설표雪豹[7]라는 단어를 좋아합니다. 뭔가 표범 같은 날카로움 야생 그런 것도 있고, 눈雪도 붙어 있잖아요. 눈 속에서의 고독, 혼자 있는 시간 그런 것들이 제 마음에 좋았어요. 그런 명상을 가질 수 있는 이미지를 가진 동물들을 좋아합니다.

---

7 눈표범(학명: Panthera uncia)은 몽골, 중국, 아프가니스탄에서 바이칼호 및 티베트 동부에 이르는 중앙아시아 일대에 분포하고 있다. 티베트 고원의 추운 지역에 살며 산양, 아이벡스, 바랄, 마코르, 토끼, 마멋, 쥐 등을 잡아먹는다. 털가죽을 얻으려고 남획한 결과 지금은 심각한 멸종 위기에 처했다.

젊고 당당한 미래보수 황시혁

현재원　실제로 설표라는 별명으로 불리신 건가요?

황시혁　아닙니다. 제가 혼자 많이 사용했어요. 게임을 좋아하다 보니 많이 하는데, 게임 아이디는 거의 설표라는 아이디를 많이 사용했습니다.

현재원　황 대표님이 좋아하는 사자성어나 좌우명도 따로 있으실까요?

황시혁　저는 사소취대捨小就大[8]라는 사자성어를 좋아합니다. 바둑 용어인데, '사소한 걸 버리고 더 큰 것을 취하자'는 말입니다. 많은 사람이 이야기할 때, 지금 눈앞에 있는 욕심만 많이 부리거든요. 그것을 좀 버리고 더 큰 것을 바라볼 수 있지 않을까요? '원하는 것을 크게 보자'제 이름 시혁, 볼 시(視) 클 혁(奕) 한자의 뜻과 맞아떨어지는 것 같습니다.

8　사소취대(捨小就大)는 위기십결(圍棋十訣)의 하나. 작은 것은 탐하지 말고 버리며 큰 것을 취해야 한다는 것으로, 곧 소탐대실(小貪大失)하지 말라는 뜻이다. 누구나 큰 것을 탐하게 마련이면서도 국부적인 이익에 집착하여 대세의 요충을 망각하고 소탐대실하는 경우가 흔히 일어난다. 큰 것과 작은 것을 판단할 수 있는 능력을 기르는 것이 중요하다.

—
二
—

결국은 사람의 힘이 가장 중요하다

(2023년 09월 07일 원자력 신문 황시혁 칼럼中)

2020년 21세기 유망직종이라는 관광산업은 전 세계적 감염병 위험으로 산업적 기능을 완전히 상실해 버렸다. 세계적으로 1억 7천9백만 개(여행 관광협회 기준 2020.06.10.)의 일자리가 사라졌고 1억 2,110만 명의 실업자를, GDP로는 3조 4,350억 달러의 손실을 예상케 했다. 국내 관광업계 역시 관광소비자 지출 감소로 관광업종 피해 예상 규모는 4조 원에 이르며 이에 따른 인력 감축으로 이어져 산업의 근간을 뿌리째 없애 버렸다. 이후 포스트 코로나 엔데믹 시대 다시 산업을 이끌어야 하는 인력들은 생존을 위해 이직 등으로 이미 빠져나가 버린 상태이고, 새로운 인력은 지난 경험으로 인한 공포로 인해 충원조차 이루어지지 않아 인력난으로 두 번째 산업의 고비를 겪고 있다.

한편 2023년 대한민국에는 47조 4,000억 원의 청구서(서울대 원자력 정책센터가 원전 건설 공사 중지, 신규 원전 건설 계획 백지화, 월성 1호기 조기 폐쇄 등으로 줄어든 원전 발전량을 가스 발전량으로 대체했을 때를 가정한 비용 추산 결과)가 발행되었다. 탈원전이라는 단 한 가지 정책적 선택으로 시작된 비용은 탈원전으로 인한 에너지 전환 비용으로 한국전력과 가스공사의 수십조 원 적자를 야기했고, 의도적으로 멈춰버린 원자력 산업은 2023년 4월 발표된 정부의 '원전 중소기업 중장기 경쟁력 강화 방안'에 따르면 2016년 대비 2020년 원전 중소기업의 매출은 12.3% 인력은 32.5%가 감소하었다.

원인과 시작은 다르지만, 과정과 결과가 같아지는 이 두 사례는 왜 벌어지는 것일까? 관광산업과 원전 생태계 복원에는 각각 4년 전후의 시간이 소요될 것이라 전망했다. 아무리 AI 시대이며 전 자동화 시스템이 움직이고 무인 공장이 24시간 돌아가는 사회라도 구성요건에는 사람이라는 최소 단위의 매개가 필요하고 복잡해진 구조 속에서 더욱 전문화된 인력이 필요해졌기 때문이다. 인력의 문제는 결국 돈보다 시간으로 귀결된다. 전국경제인연합회가 원자력 기업들을 대상으로 설문조사를 한 결과에 따르면 탈원전, 이전 대비 원전 경쟁력이 65% 수준으로 감소되었다고 하는데 이는 기술의 발전을 만들어낼 전문기술자의 부재로 인한 현재 유지 현상이고, 더 큰 문제는 앞으로 발전되어야 할 기술 등의 발전요건에서 창의력과 기획력 등의 아이디어

부재로 이어진다.

사람은 기계의 기어처럼 서로 맞물려 돌아갈 수 있는 단순 매개체가 아니다. 원인과 결과가 확실하지 않으며, 인적 요건 물적 요건 혹은 심리적 요건이라는 불완전한 영역까지 영향을 받는다. 인간의 영역은 줄어들었다 하지만 어디까지나 결과를 내리는 것은 인간이고, 창의력으로 인한 발전적 요인을 만드는 것 또한 인간이다.

 왜 산업의 방향의 결과는 인력으로 귀결되는 것인가? 너무나 잘 알고, 누구나 잘 알지만 하기 힘든 구조의 영역 속에 집중해야 할 때이다. 사람을 바라보아야 한다.

2부

정권교체의 마중물, 열정의 젊은 정치

"원래 호남에 보수의 씨앗을 심으러 저는 목포로 간다고 말씀드렸어요.

선거운동을 하는 저를 보고, 목포에서 김밥 파는 아주머니가 '저런 꼴처음 본다. 생전 살면서 처음 본다.'라고 했잖아요. 제가 그렇게 해서 보수에 씨앗을 심었으면, 대선 때 '두 자릿수 이상 지지율은 나올 것이다'라고 생각했었고, 그렇게 차근히 준비했었습니다.

누군가라도 해야 한다면, 저부터 먼저 해야 합니다.
저만의 객기가 아닌 호기심일 수도 있는데
남자라면, 인생 한 번 사는 것이라면,
'패배하는 싸움'도 할 줄 알아야 한다고 생각했습니다."

전남 목포에서 처음 시작한
청년정치

이쌍규 보수정당의 정치 활동은 언제부터 시작하셨는지?

황시혁 보수정당 정치 활동의 시작은 당원들과 함께 동원되어 활동한 기준으로 따지자면, 2015년도부터 시작했습니다.

이쌍규 2015년에는 정치 상황이 어땠나요? 처음에는 어떤 역할을 하셨는지?

황시혁 20대 국회의원 선거를 준비하기 위한 조직 구성 단계에서 다른 사람들의 추천을 받아서 정당 활동을 시작했습니다. 자원봉사자로서 현수막 '피켓팅'[9]부터 시작했습니다.

이쌍규 그때 국회의원 후보는 누구였습니까?

황시혁 대구 중남구 김희국 국회의원 밑에서 디지털위원회 사무국장을 맡아 일을 했습니다. 의원님의 활동사진을 찍어서 인터넷에 업로드하는 홍보 활동을 전개했습니다.

이쌍규 그때부터 쭉 보수정당 활동을 한 거예요? 관광 IT 스타업을 그만두고, 정치에 본격적으로 참여해야 하겠다는 계획이 원래부터 계셨는지?

황시혁 정당 활동이라는 것이 그땐 뭔지 몰랐어요. 그것이 저에게 어떤 힘이 되는지도 모르고 뭘 할 수 있는 것조차 몰랐어요. 그냥 아는 형과 함께 모임 하는 것이었을 뿐이고 모임의 이름이 당시 새누리당 디지털위원회였을 뿐이었죠. 당시엔 정당 생활이 뭔지, 뭘 만들어 낼 수

---

9 효과적인 홍보 활동을 벌이기 위해 홍보물이나 플래카드를 들고 행하는 부수적인 홍보 활동 행위를 말한다.

있는지도 몰랐어요. 지금 정당 생활을 하시는 분들도 잘 모르실 수 있어요. 그냥 모임에 가면 좀 높은 사람이 있다는 정도로 생각하시는 분들도 많을 거예요. 우리가 정당에 대해 무지했기 때문이죠. 저 역시 정당이라는 것이 의지의 표명이라는 것을 코로나를 통해 알게 되었습니다.

코로나 때 관광산업 종사자들이 정말 많이 힘들어했어요. 관광지도 그렇고 하물며 손님을 보내는 여행사들도 호텔 등의 숙박업도 너무 힘들어했는데 관광협회에 가니까 대안이 없다는 거예요. 어떻게 해야 할지 모르겠다. 대구시에서 나온 대책도 없다. 전부 위만 바라보면서 기다리고 있는데 결정된 사안은 없다고 했죠. 그래서 많은 구, 시의원, 국회의원님들을 찾아뵙고, 관광여행 산업을 살려야 한다고 말씀을 드렸습니다. 그런데 정작 우리를 대변할 수 있는 국회의원을 포함한 의원 중 관광 전문가가 한 명도 없는 거예요. 관광여행 산업 종사자가 20만이 넘고, 외식산업인 식당 종사자를 포함하면 600만가량이 되는데, 관광여행 산업을 대표하는 국회의원 한 명도 없다는 게 말이 안 되는 거죠. 사실 정부 부처도 문화체육관광부로 문화와 체육을 묶어서 보는데 잘못된 겁니다. 그저 즐기거나 여흥의 종류로 묶어 놓은 것으로밖에 안 보여요. 그러면서 저는 정치라는 것에 목적을 두었습니다. 정치하면서 관광여행 산업 종사자의 이야기를 많이 대변하려고 노력하고 있습니다.

매번 미래산업, 미래 유망산업에 나오는 것은 관광산업인데 교육도, 육성도 없고. 그래서 그러한 점을 준비하려 노력 중입니다.

이쌍규 코로나 위기 당시에 관광여행 산업의 침체를 극복할 방안은 가지고 계셨나요?

황시혁 코로나 이전에는 400개의 여행사가 쓰는 '관광여행 산업 플랫폼'[10]을 만들고 있었습니다. 의외로 관광산업은 초기 자본이 많이 드는 업태에요. 예전처럼 A와 B를

───────────

10 여행자의 성향을 기반으로 맞춤 관광 콘텐츠와 일정 및 코스를 추천하고, 여행 도중 마주할 수 있는 여러 상황 속에서 여행자의 행동 및 의사결정 패턴을 파악해 여행자의 여행 성향 특성을 유입 즉시 추출할 수 있는 관광영역에서의 여행 플랫폼 비즈니스이다. 관광 지형의 변화를 파악하고 관광 소비 트랜드뿐만 아니라, 관광산업 지형에도 대대적인 변화를 손쉽게 파악할 수 있다.

연계만 하는 산업이 아니라는 것이죠. 소비자의 눈은 높아지는데, 산업은 고정화, 고착화 되어 있었습니다. 그래서 소규모 사업체가 쓸 수 있는 중앙플랫폼을 만들고 소비자의 신뢰도를 만들 수 있는 구조를 생성했는데 한 번에 이들의 예약률이 0%로 떨어졌습니다. 그렇다면 이들의 수익이 거의 0원이라 봐야 합니다.

거기다 국내 버스 이용률이 사회적 거리 두기 등으로 급격히 감소했고, 항공 이용률 또한 0%에 가까워졌다는 건 산업이 없어졌다고 생각해야 한다는 것이죠. 그때 관광업은 정말 어쩔 수 없는 상황임에도 업태를 유지할 수 있는 일거리와 적당한 지원금조차 제일 늦게 적용이 되었어요. 단기적으로, 코로나 때 필요한 방역 사업 외주를 관광업종에 돌리고, 단기 일용직 근로자

나 파트타임 직종들과 연계하면서 어찌 되든 산업에 있는 사람들에게 일거리를 제공할 수 있게 지원하며, 특별재난 지원금 등으로 유지할 수 있게 했었어야 하는데 그 일이 늦어지다 보니 다시 관광업 시작을 한다고 해도 준비된 사람들이 없는 문제가 발생하는 겁니다.

관광업은 책만 보는 것만으로 설명이 안 되는 복합산업이라, 미래 예측도 주식보다 더 힘든 산업이에요. 그런데 그걸 '그저 여행사'나 소비 중심 산업으로만 본 것이죠. 매번 관광객 유치를 외치면서, 산업은 개개인에게 맡긴 책임 없는 정책만 한 거예요.

이쌍규 관광여행 산업 주체에게 재정지원을 해줘야 한다는 이야기인가요?

황시혁 그렇죠. 많은 이익단체가 있는 이유가 문제가 생겼을 때, 그들의 아픈 목소리를 대변해 주기 위해서 설립되었잖아요. 저는 수없이 국회의원과 정책담당자를 찾아가서 관광여행 산업의 재정지원을 이야기하였습니다. 마침 그때가 21대 총선 시기여서, 관광여행 산업의 이익을 대변하기 위해서 선도적으로 공천을 신청하게 되었습니다. 그 후 대선 경선 때도 수도 없이 이야기했었죠. 마침 제가 그때 대선 경선 후보자 캠프에 있었는데 아마 관광업종 지원금은 그때쯤 지원되었을 겁니다. 코로나 대유행 시작 후 거의 1년쯤 지난 시간에.

이쌍규 본인이 관광산업의 이익을 대변해야 한다고 생각해서, 정치를 본격적으로 시작한 거예요? 그러면 선거 출마는 언제부터 하셨어요?

황시혁 사실 정치의 시작엔 누구의 이익을 대변하겠다. 라는 거창한 목표가 아니었어요. 그냥 너무 "먹고 살기 힘들다" 였지요. 왜 많은 드라마나 영화에서 나오는 '법은 멀고 주먹은 가깝다'라는 말처럼 "지금의 정치가 우리의 삶과는 너무 삶과는 멀리 떨어져 있다"가 첫 번째 생각이었고, 두 번째는 '정권교체'라는 큰 목표가 있었습니다. 국민 삶에서 무조건 평등이 아닌 형평을 생각하는 정부가 저에겐 대한민국 보수 정권이라 생각했던 것이죠. 그래서 21대 총선에서 첫 선거 출마를 계획했었습니다.

젊고 당당한 미래보수 황시혁

정권교체의 호남 교두보 마련,
목포 출마 결심

이쌍규 대구 출신인데, 전남 목포에 출마하게 된 이유는 뭐예요?

황시혁 대한민국 양당제에서 대구 출신이면 태생부터 보수와 친해진 상태로 시작하게 됩니다. 그런데 제가 목표로 잡은 게 '정권교체'이잖아요. 대구는 이미 80점, 90점 맞은 우등생들인 거예요. 그 우등생들을 80점, 90점에서 100점 맞는 건 너무 어려운 일들이고, 게다가 정당의 이념이 있는데 공산주의도 아니고 100점이 나올 수는 없잖아요. 그래서 그냥 제가 제일 잘할 수 있겠다고 생각한 것으로 정했어요. 호남에서 공천신청 1번으로

2부 정권교체의 마중물, 열정의 젊은 정치

목포로 신청하게 되었습니다.

10점 미만의 목포를 50점까지 올려놓겠다. 저는 그렇게 생각했습니다. 게다가 목포는 제가 매년 100여 번 출장을 간 장소이기도 하고, 풍부한 관광자원을 가진 지역이었어요. 바다를 끼고 있어서 해양 산업에 유리하고, 중국이랑 가까워 관광객 유입의 편리성도 지니고 있으며, 해남 완도, 진도 등지의 관광지와 연계되는 교통 중앙지역으로 일제강점기 시대등의 역사 건물도 많이 남아 있기에 전남 관광 중심 지역으로 만들 목표가 있었습니다.

이쌍규 목포 출마로 결정하실 때 가족들의 반대는 없었어요?

황시혁 저는 호기심 많은 보수자유주의자[11]입니다. 워낙 호기심이 많다 보니까, 저희 가족들도 제가 목표로 두는 그런 호기심에 크게 이야기하지 않아요. 다만 '나 이번에 목포에 출마할래' 한마디 하니깐 '대구에도 많은데, 왜

---

11 자유주의라는 용어는 자유 민주주의라는 맥락 속에서 더 널리 사용되는데, 이 단어의 의미상 정부의 권한은 일부 제한되고 시민의 권리는 법적으로 분명히 규정하는 민주주의를 가리킨다.

하필 목포에 가느냐?'라는 걱정이 많았습니다. 비록 쌓아둔 재산 같은 건 많지 않지만, 젊었을 때 해야 할 일이 있지 않겠나. 지는 싸움도 해야만 한다면 당당히 맞서서 해야 한다. 라며 가족들을 설득하고 목포로 갔습니다.

이쌍규   부모님도 황 대표님의 정치적 결정을 지지해 주신 거예요?

황시혁   부모님께는 말을 안 하고 출마했습니다. (웃음)

이쌍규   부모님이 출마 결정을 알게 되었을 때, 부모님이 뭐라고 이야기하시던가요?

황시혁   출마를 결정했을 때가 아니라 TV 토론회 할 때 아셨어요. 출마한 뒤에 아신 거죠. 그땐 그냥 '열심히 해라' 딱 그 정도. 처음부터 저는 부모님에게 경제적으로 지원받은 게 없었기에 뭘 말씀드리고 하는 스타일도 아니어서 모르셨을 거예요. 미국 유학 갈 때도 그랬고, 미국 갔다 와서도 사업할 때도 그랬고, 정치에 출마할 때도 저는 부모님께 지원받은 건 전혀 없었습니다. 제 선택은 스스로 책임지는 거죠. (웃음) 저는 자력갱생의 스타일입니다.

이쌍규 미국 유학 가실 때 부모님들이 학비를 대주신 게 아니라는 거예요?

황시혁 네! 저는 학교에 다니면서 편의점 점장을 했고, 편의점 야간 아르바이트를 대신 제가 했었죠. 점주가 야간 아르바이트도 하면서, 저는 학교생활을 했었거든요. 학교도 종종 장학금 받으면서 다녔습니다.

2부 정권교체의 마중물, 열정의 젊은 정치

대구 사투리를 쓰는
목포의 미래통합당 총선후보

이쌍규 목포 지역구를 가보니까, 지역적 특성은 어떠했습니까?

황시혁 목포는 대부분 사람이 알고 계신 것처럼, 故김대중 대통령의 성지聖地입니다. 민주당의 심장이고, 어떻게 보면 보수정당 후보인 제가 거기 서 있으면 하얀색 바탕에 까만색 점 하나 딱 찍힌 거로 생각하시면 되는데, 처음에 갔을 때는 '대한민국일까?'라고 생각했습니다.

이쌍규 '대한민국일까?'라는 것은 무슨 뜻이죠?

젊고 당당한 미래보수 황시혁

황시혁 사람들이랑 전혀 만날 수가 없었어요. 먼저 저는 목포엔 연고도 없었기에 어디 부탁할 때도 없었겠죠? 그리고 첫 번째로는 코로나도 있었고, 두 번째로는 대구 사투리를 쓰는 사람이 목포에서 정치 활동을 하니까. 세 번째로는 국민의 힘이잖아요. 당시에 미래통합당 핑크색 잠바를 입고 지나가니까 많은 사람이 '와~, 내가 살면서 저런 꼴을 보는구나.' 제가 들었던 첫 번째 멘트였어요. 저는 대한민국 국민이지만, 말이 통하지 않는 외국인처럼 투명한 존재 그 자체였습니다.

이쌍규 그때 그 말을 들었을 때 어떤 느낌이 들었어요? 내가 이거 잘못 선택했구나, 그런 생각은 없었어요?

황시혁 의외로 그런 건 없었던 것 같아요. 저는 목포시민한테 다시 가서 "처음 보셨죠? 앞으로 자주 보시게 될 겁니다"라고 인사하고, 옆에 있는 김밥집에 김밥 한 줄 사서 길거리에서 뜯어 먹으면서, 선거운동을 했습니다.

이쌍규 첫 선거를 준비하면서 가장 힘들었던 것은 무엇인가
요?

황시혁 제일 힘들었던 것은 맨파워Man Power였어요. 처음 선
거하다 보니까 저를 도와줄 수 있는 사람이 없었고,
13명의 우리 회사 직원들이 한꺼번에 갔었거든요. 대
구에서 함께 내려간 소위 '13인의 죄수들'이라고 얘기
하는데, 저도 제가 선수로 뛰는 건 처음이고, 그분들도
처음 선거라는 것을 해 보니 뭘 어떻게 해야 하는지도

젊고 당당한 미래보수 황시혁

몰랐어요.

이쌍규 관광여행 스타트업을 다 그만둔 거예요? 무책임한 사람 아니에요?

황시혁 나름 IT 소프트웨어 회사여서 장소와 지역으로 일이 제한되지 않은 회사였어요. 그만둔 게 아니죠. 회사가 전부 이전한 거지. 다만 그때 직원들하고 같이 이야기했던 게 뭐냐 하면 '미래를 위한 투자를 하겠느냐? 아니면 지금 있는 돈을 안정적으로 가져가겠느냐?'라고 이야기를 했습니다. 원래 직원이 한 18명 정도 됐었는데, 출퇴근이 힘든 5명은 퇴사를 하고 13명이 한꺼번에 목포로 넘어가서 선거운동을 했었습니다. 물론 그분들은 선거운동하면서, 선거사무실에서 일도 하고 복합적으로 힘들었을 겁니다. 선거가 끝나고 다른 회사로 이직도 도와주면서 잘 마무리했는데, 남아 있는 몇몇이 있어요. 그 사람들 지금도 저랑 일하는 거 보면, 제가 잘해 주나 봅니다. 저의 책임감을 아직 믿고 있는지도 모르겠네요.

이쌍규 직원 13명이 목포로 다 이동해서 정치활동 스타업을 창업 한 거예요?

황시혁 그렇죠. 정치 스타트업으로 다시 시작한 겁니다.

이쌍규 선거 캠프 13명이 모두 다 목포 생활은 어떻게 하셨는지? 13명이 좀 정상적인 사람이 아닌 것 같은데...(웃음)

황시혁 목포에서 모텔을 잡아서 함께 생활했습니다. 원래 사람들은 호기심과 희망이 있으면, 다 할 수 있지 않을까요? 지금 저와 함께 있는 사람들도 한 4명 정도가 남아 있는데, 충성보다는 개개인의 꿈과 희망을 저에게 걸고 있는 모습을 보면 정상은 아닌 거 같아요. (웃음)

이쌍규 직원 13명의 동의를 받는 것도 쉽지 않았을 것 같은데... 13명의 연령대가 어떻게 되었어요?

황시혁 저는 리더보다는 보스가 되고 싶습니다. 독재자가 되고 싶었습니다. (웃음) 농담이고요. 13명의 이야기를 할 때, 실질적으로 미래에 대한 꿈을 많이 준 것 같아요.

우리가 앞으로 해나가야 할 것이 많은데 '처음 하는 거다, 함께 해주겠냐?'라고 동의를 구했고, 그 동의에 함께 따라왔던 것 같아요. 희망의 실마리를 조금 느꼈을 수도 있습니다. 연령대는 20대 초반부터 38살까지로 구성되어 있었습니다.

이쌍규 모든 게 다 처음이니까, 가장 힘들었던 건 뭐였습니까?

황시혁 제일 힘들었던 건 어떻게 해야 하는지를 잘 몰랐다는 점이에요. 누구한테 물어볼 수 있는 것도 아니고, 또 선거가 정치인의 특별함이라고 생각해요. 정치인은 경쟁상대인 후배를 잘 만들어주지는 않잖아요. 어떤 행사에 동참은 시키지만, 어떻게 나아가야 한다는 걸 알려주지 않으니까. 그때부터 공부를 정말 많이 했던 것 같아요. 지역도 알아야 하고, 제가 어떻게 가는지 잘 모르니까 지난 정치인들의 역사를 보고 공부를 열심히 했습니다. 그것이 제일 어려웠어요. 노하우를 전수해 줄 수 있는 앞선 선배들이 없었어요. 제가 첫 번째 개척자였기 때문에 가져야 하는 정치적 운명이기도 하겠지요.

이쌍규　정치적 멘토가 없었다. 본인이 걸어가는 길이 역사다. 일종의 개척자pioneer 정신이네요? 선거운동 중에 가장 아픈 기억이나, 아니면 가장 기뻤던 에피소드가 있나요? 먼저 아픈 것부터 이야기하시면?

황시혁　아픈 게 뭐였냐면, 한창 코로나가 창궐하던 때였는데, 당시에 제 개명 전 이름이 황규원이었습니다. 당시 당대표 이름이 황교안이었습니다. 거기에 핑크색 미래통합당 잠바까지 입으니, 사람들이 흔히 얘기하는 대로 '어그로 끄는 그냥 유투버, BJ'라는 생각하고 막 침도 뱉고, 욕도 하고 지나갔습니다.

이쌍규　본인 보는 앞에서 그런 행동을 해요?

황시혁　예. 명함을 나눠드리면 코로나니까 '이거 세척하셨어요?' 그런 것도 물어보시고, 그나마 받아주신 분들은 다행인데 안 받고 그냥 종이 놔두고 가라고. 왜 상점마다 제가 들러서 인사를 하잖아요. 그러면 턱으로 지시하듯 가리키면서 '앞에 놔두고 가세요' 그러죠. 나오지도 않아요. 그런 점들이 저는 가슴이 아팠어요. 왜 정치적으로 이해를 못 해주실까 하는 그런 마음이 조금 있었습니다.

그리고 기억에 남았던 기쁜 일은, 당시 목포시 당협에 는 마이클 조던의 등 번호와 같은 23명의 책임당원이 있었습니다. 민주당에서는 권리당원이라 하는데, 23명 의 책임당원 그분들 중에 한 분일 겁니다. 몰래 오셔서 박카스 딱 놓고 가셨는데, 누군지는 모르겠어요. 얼굴 을 보면 안 된대요. 그러면서 후다닥 도망가셨어요. 한 서너 분 정도 계셨던 것으로 알고 있습니다.

이쌍규 대구에서 올라간 열세 명은 빼고, 처음 시작은 23명의 책임당원부터 시작한 거예요?

황시혁 그렇죠. 대구에서 내려간 열세 명은 주소 이전도 안 했 었습니다. 한 표 달라고 했는데 주소 이전도 안 해주 고, 책임당원 23명으로 선거를 시작했었죠.

이쌍규 23명의 책임당원이 일반적인 미래통합당의 정당 조직 력 수준인 거예요? 아니면 목포만의 문제인가요?

황시혁 제가 목포로 가기 전에 대구 달성군 화원 지역 청년회
장을 했는데, 당시 추경호 국회의원 지역구 책임당원
은 7천 명이었어요. 그런데 목포 지역 딱 가니까 23명.
전남 전체에는 그래도 책임당원이 좀 있었던 거로 기
억하는데, 이정현 의원님 지역구인 순천이나 전남에서
동쪽 지역은 당원이 많았거든요. 정확하게 전남 전체
가 몇 명이라 말씀드리기는 좀 애매하지만, 목포만의
지역 특색이었던 것 같아요. 오죽하면 회사나 집 주소
로 우편물 오는 게 걱정되어서 주소를 조금 틀리게 적
는 사람들이 있었을까요. 호남 정치와 영남 정치가 서
로 영호남에서 적대적 정치 차별을 만드는 그런 느낌
이었어요.

목포를 살리는 '사통팔달'
제1호 선거공약

이쌍규 당시 주요 총선 공약은 무엇입니까?

황시혁 저는 사통팔달四通八達[12]이었습니다.

이쌍규 무슨 의미죠?

황시혁 목포라는 지역이 대한민국의 섬, 호남의 섬이라면 이
　　　　 섬을 사람들에게 연결하자. 자금적으로 외부의 자본이

12　사방으로 통하고 팔방으로 닿아있음을 의미한다. 즉 길이나 통신망이 막
　　힘없이 통하는 모습이다. 통신망이나 교통망이 잘 발달하여 있는 곳을 가리켜
　　사통팔달이라고 한다. 사통오달(四通伍達)도 같은 뜻이다.

들어오고, 정치적으로 영호남 진보와 보수가 함께 어울릴 수 있고. 사람이 왕래할 수 있는 길을 만들자. 저는 이것이 사통팔달四通八達의 1번 선거공약이었습니다.

이쌍규 길을 만들자는 건 구체적으로 어떤 의미를 이야기하는 겁니까? 이게 고속도로를 만들자는 이야기인가요?

황시혁 첫 번째로는 고속도로였습니다. 목포에 가보시면 아시겠지만, 고속도로가 목포가 끝입니다. 그리고 목포대교[13]에서 바로 해남으로 연결해서 교통의 요지로 만들겠다는 계획이었습니다. 그것이 첫 번째 사통팔달이었고, 두 번째 사통팔달은 외부로서의 자금 유입, 돈의 흐름을 바랐어요. 목포는 공무원 사회의 인맥 관계가 강한 동네입니다. 특별한 자생산업이 없어요. 그러다 보니까 거의 모든 산업이 국가지원금으로 많이 진행됩

13　2012년에 완공된 목포대교는 총연장 4,129m 너비 35~50m의 왕복 4차선 도로로 목포 북항과 고하도를 잇는 해상교량으로 비상하는 학의 날개처럼 아름다운 모습과 일몰이 함께 어우러져 장관을 자아내고 있다. 목포대교는 목포시에 있는 국도 제1호선의 자동차 전용도로 교량으로, 죽교동과 유달동은 육지 측에 있으며 고하도, 허사도를 연결하며 목포 신외항과 서해안 고속도로를 연결하는 목포의 관문으로 주탑과 케이블의 모양은 목포의 시조인 학 두 마리가 목포 앞바다를 날아오르는 모습을 형상화한 것이다.

니다. 지원금이 산업의 중심이 된다는 것은 위아래가 있다는 얘기예요. 국가지원금은 받아야 하니까 돈 주는 사람이 정해져 있다는 건데, 그러면 상하 위치가 정해지는 것이죠. 그래서 그러지 말고'외부 투자를 기업 등의 유치를 통해 만들어 내자' 해서 사통팔달을 만들자고 주장했습니다.

마지막으로 사통팔달의 확장 버전으로 총선 공약은 아니었지만, 대선 때 제가 주장한 공약도 있어요. 목포는 가로로 21km 세로로 23km 정도의 작은 도시입니다. 거의 주먹처럼 생겼는데, 거기에서 목포시 전역을 '면세화 구역'[14]으로 지정해서 관광 쇼핑의 메카로 만들 생각이었어요. 교통의 요충지로 만들어 사람들의 접근성을 높이고, 머무를 수 있는 매력도를 만들어 내면 홍콩과 같은 효과를 낼 수 있기에, 외부인과 잦은 왕래를 통하여 '지역주의'를 타파할 것으로 생각했습니다. 그래서 사통팔달을 많이 주장했습니다.

---

14 수입품에 관세를 부여하지 않는 지역을 말한다.

이쌍규　총선 결과 어떻게 되었어요?

황시혁　저는 2,554표, 2% 득표하여 낙선했습니다.

이쌍규　　더불어민주당 후보가 46% 득표했는데 어떻게 보면
　　　　　완전히 대패大敗죠? 그때 선거결과[15]를 봤을 때 당시의
　　　　　심정은 어땠나요? 내가 이 정도 수준밖에 못 얻었는지

15　21대 총선 목포시 선거결과는 다음과 같다. 더불어 민주당 김원
이 62,065표(48.77%), 민생당 박지원 47,528표(37.34%), 정의당 윤소하
15,122표(11.88%)순으로 득표했다. 투표율은 67.87%였다.

젊고 당당한 미래보수 황시혁

낙담은 하지 않았는지?

황시혁   대패는 맞습니다. 그러나 저는 '완전한 패배'라고 생각하지는 않았습니다. 국회의원 당선하러 목포로 간 게 아니기 때문이죠. 솔직하게 저는 대선大選을 준비하러 간 거라서, 처음 23명 책임당원이 과연 몇 명이나 확장될 것인지, 몇 명이나 저를 찍어주실 것인지가 매우 궁금했습니다. 그래서 저를 지지해 준 목포시민이 2,554명 정도 되는 것을 제 눈으로 직접 확인했고, 이제 저를 지지해 준 목포시민들을 찾아야겠다. 이분들이 '나의 미래를 만들어줄 것이다'라고 생각을 했었죠. 저는 장기적인 전략이 있었습니다.

'왜 졌나?'라고 생각하면, 사전에 준비를 못 했다는 것. 어떻게 보면 보수세력이 영호남에 관해 지역 타파를 하자고 많이들 이야기합니다. 그러나 이야기는 하는데 극복의 준비가 아직 안 돼 있었다는 것. 제가 미리 왔다면, 조금이라도 권한이 더 있었다면, 더 많은 표를 얻을 수 있지 않았을까 생각했습니다.

이쌍규   예정된 총선 패배를 알고 간 거잖아요. 더 큰 화두가,

정권교체의 호남 지역 교두보를 내가 직접 만들겠다는 정치적 목표가 있었습니까?

황시혁   네, 알고 갔습니다. "원래 호남에 보수의 씨앗을 심으러 저는 목포로 간다"라고 말씀드렸어요. 선거운동을 하는 저를 보고, 목포에서 김밥 파는 아주머니가 '저런 꼴 처음 본다. 생전 살면서 처음 본다.'라고 했잖아요. 제가 그렇게 해서 보수에 씨앗을 심었으면, 대선 때 두 자릿수 이상 지지율은 나오리라 생각을 했었고, 그렇게 차근히 준비했었습니다.

누군가라도 해야 한다면, 저부터 먼저 해야 합니다. 저만의 객기가 아닌, 호기심일 수도 있는데 남자라면, 인생 한 번 사는 것이라면, '패배하는 싸움'도 할 줄 알아야 한다고 생각했습니다.

이쌍규   정치 9단이라고 이야기하는 박지원 전 국정원장도 출마했잖아요. 선거운동을 할 때 마주친 적은 있어요?

황시혁   유세할 때 몇 번 마주쳤었고, TV 토론회 할 때는 저와 정치 대담을 해야 하니까 많이 이야기했었죠.

이쌍규 그때 박지원 전 국정원장에 대해서 어떤 느낌을 받았어요?

황시혁 말을 꽤 어렵게 하시는구나.

이쌍규 말을 어렵게 한다?

황시혁 항상 말속에 뭔가 뜻이 숨어져 있습니다. 쉽게 기억나는 것은 대구에서 '박지원은 어떻게 생각해요?'라고 대뜸 질문을 하시더라고요. 물론 그분도 저에 대한 정보가 없으니까 그런 걸 이야기했겠지만, 선거가 끝나고 방송을 돌려보니까 이것은 제가 대구에서 왔다는 것을 목포 사람들에게 계속 알리는 거구나. 이분은 이렇게 말을 하시는구나, 라고 생각했습니다. 정치는 이렇게 비굴하게 해야 하나? 그런 고민을 하게 만드는 분이었죠.

이쌍규　어떻게 보면 지역적 낙인을 찍는 거잖아요.

황시혁　그렇죠? 좀 뭐랄까 직접적으로 하지는 않지만, 옆으로 돌아서 영호남 지역갈등 분위기를 만들어간 거죠.

이쌍규　어떻게 보면 대구에서 온 보수. 지역주의의 피해자이면서도 교묘하게 다시 정치적으로 이용하는 거 아니에요? 대구에서 박지원을 어떻게 평가한다는 질문은 어떻게 답변하셨어요?

황시혁   당시에 저도 그 질문의 뜻을 이해 못 했습니다. 대구에서 박지원이라는 사람을 좋아는 했었거든요. 젊은 사람들이 좋아는 합니다. 왜? 그냥 정치적인 세계를 떠나서, TV에 자주 나오시고 재미있는 이야기 많이 하시고 하니까, '많은 젊은 사람들이 박지원 의원은 안다.' '좋아하는 것 같다', 그렇게 이야기했는데 나중에 알고 보니까, 저 혼자 이상한 소리 하는 사람이 된 거죠. (웃음)

이쌍규   국회의원 후보로 출마했을 때, 본인이 생각하는 국회의원의 자질과 덕목은 무엇이라고 생각했습니까?

황시혁   국회의원은 어떻게 보면 작게는 15만, 많게는 한 23만 정도의 국민과 시민들, 국민을 대표하시는 분들이죠. 그러기에 첫 번째로 가져야 할 덕목은 '도덕道德'이라고 생각합니다. 도덕적인 양심이 먼저 기본 바탕이 되어 있어야 다른 사람들의 이야기를 대변할 힘을 가질 수 있다고 생각하고요. 그다음에 국회의원이 가져야 할 것은 '센스sense'입니다. 저는 정치인이라는 사람들을 세 등분으로 나누거든요. 아마추어 정치인은 사람들이 이야기를 해줘야지 정책을 바꿔주는 사람. 프로 정치인은 말하지 않아도 먼저 캐치를 해서 정책을 바꿔주는 사람. 마지막으로 정치를 해서는 안 되는 정치인들은 말을 해도 뭔가의 다른 이유로 일을 안 하는 사람. 저는 이렇게 3개 부류로 나누고 있습니다. 정치인은 센스를 가지고 있어야 하지 않을까요? 한마디로 소통능력이 있어야 한다는 뜻입니다.

이쌍규 본인은 얼마나 소통능력을 갖추고 있다고 생각하십니까?

황시혁 저는 소통능력이 많습니다. 호기심이 많아서 많은 사람을 세밀하게 관찰합니다. 그들이 필요한 요구를 잘 찾아낼 수 있습니다. 관광산업과 스타트업을 운영하면서 더 나은 방향을 계속 만들어 내는 문제해결 능력을 길러냈고, CF PD를 하면서 표현의 방법도 배웠습니다. 또한 더 많은 삶의 경험을 획득하기 위해 미국 유학도 잠시 다녀왔습니다. 그 모든 게 말하지 않아도 알 수 있는 공감 능력과 경험의 가치로 소통할 수 있는 능력을 키운 것이죠.

소통은 서로 말을 한다고 되는 것이 아닙니다. 서로의

뜻을 이해하고 알아주는 것이죠. 왜 예전에 말하지 않아도 안다는 정(情)을 강조한 것 있잖아요? 그 단어가 기억에 남는 이유는 소통에는 이해가 필요하다는 것을 의미하니까요.

2부 정권교체의 마중물, 열정의 젊은 정치

지역주의의 차별을
온몸으로 맞서다

이쌍규 선거 현장에서 영호남의 지역갈등을 직접적으로 체험

해봤잖아요. 영호남 지역주의[16]를 어떻게 현장에서 느

꼈어요?

---

16 호남에 대한 경제적 소외와 호남 소외의 원인을 여러 가지 이유로 영남 집
중에서 찾았던 것. 양 지역 주민들의 발전 욕구가 정치적인 요구로 분출되었던
것에서 찾을 수 있다. 그것이 7대 대선에 폭발해서 지금까지 내려왔다는 분석
이 다수설이며, 호남 소외에 대해선 세월이 흐르며 지역감정을 대놓고 조장하
는 것을 자제하자는 공감대가 형성되어왔고, 21세기 들어서는 워낙 수도권 집
중이 심해 영호남을 막론하고 지방 전반적인 경제가 침체, 하향 평준화되고 있
어서 대결 구도도 다소 완화되어왔지만, 여전히 수출경제로 인한 입지적 조건
과 압도적 인구수의 차이로 인해 영남과의 차이를 좁히기는 어려운 실정이다.
심지어 그 격차가 줄어든 편인 21세기에도 정권에 대한 불만이 지역감정으로
변질되어 더더욱 극복하기 어려워졌다. 이에 대해선 여론을 주도하는 특정 세
력이 있다는 점 등도 원인일 수 있다. 그래서 양 지방 간에 혐오와 이에 대해 반
작용이 나오면서 민생과는 관계없는 갈등 구도가 생긴 것이 현재의 모습이다.

젊고 당당한 미래보수 황시혁

황시혁 실질적으로 지역주의라는 것을 느끼는 사람들이 잘 없어요. 제가 대구 사투리를 쓴다고 해서, 목포시민들이 '너 대구 사람이지?'라면서 이상하게 얘기하는 사람은 아무도 없었습니다. 다만 정치적인 해석으로 인해 지역 차별은 있는 것 같아요.

보수와 진보는 이익에 대한 분배의 법칙에 차이가 크다고 저는 보고 있습니다. 평등이냐 형평이냐 그런 이익 때문에 서로 지역의 정치적 차별을 만들어내는 것이 아닌가? 그리고 그 차별이 서로에게 벽을 만들어 왕래할 생각조차 못 하게 하는 것이죠. 그리고 그 차이는 지역민의 삶의 틀 안에 문제를 만들어 놓았습니다. 대구 사람과 커피를 마시는 것은 그냥 한 번 정도 뒤돌아볼 정도인데, 정치적으로 색깔이 다른 사람과 커피를 마시는 것은 이익에 문제를 주는 양 생각했었거든요. 실제로 목포에 있을 때, 사람들이 저랑 커피 마시면 큰일 나는 줄 알고 있었어요. 저는 목포 지역에서는 반(反)이념적 사람이었거든요. 저라는 사람은 그들과는 다른 이념을 지닌 사람이다, 라는 취급을 많이 받았어요. 23명의 책임당원조차 저랑 편하게 커피를 마신분이 없었습니다. 우리한테는 그저 정치일 뿐이었지만 그들은 삶에는 문제가 생기는 것이었어요. 그래서 항상 어디서 숨어서 커피를 마셔야 했습니다. 다 정치적인 문제였던 것이죠.

이쌍규 지역구 사무실에서 커피 마시면 되잖아요. 그럼 커피는 어디서 마셔요?

황시혁 지역구 사무실에 들어오는 모습이 보이잖아요. 누군가는 항상 지켜보고 있습니다. 커피숍 가서는 제일 구석에서 마시는데 누군가 촬영하는 느낌이 들잖아요? 그러면 사람들이 피합니다. 최근에 '색출^{索出}'이라는 정치적 단어가 방송에 나왔었죠? 이재명 대표의 이야기가 나왔었는데, 그 단어가 목포에서는 조금 뭐랄까, 일상다반사였어요. 저와 커피를 마시거나, 저와 밥을 먹으면 안 되는 사람. 그런 지역에 대한 정치적 편견이 있어서, 지역주의의 차별이 만들어지지 않았을까 생각합니다.

이쌍규 지역주의가 심정적인 차별이 아니라, 정치적인 차별이다.

황시혁 요즘 이념에 관해서 이야기하면 '철 지난 이념전쟁'이라는 이야기를 많이 하는데, 사람은 이념 중심이 잡혀야 행위에 대한 명분이 생긴다고 생각해요. 그 생각의 차이가 정치적인 차별을 만들어 내고 삶의 방향성이 달라지는 것이죠. 그리고 꼭 이념의 차이가 '적'이 될 필요는 없거든요. 사람마다 생각이 다르고 생활환경이 다르니까요. 다만 타인에 대한 배려 없이 본인의 생각을 강요하고, 인정하지 않으려는 모습에 정치적인 딜레마가 생겼다고 생각해요. 그걸 삶이 바쁜 사람들은 생각지도 못하고 있다가 주변 환경에 의해 받아들여지면 대중효과에 의해 휩쓸려 가는 것이죠. 그것이 지역주의를 만들어 내는 것이고 정치적으로 이용되고 있다고 생각해요.

젊고 당당한 미래보수 황시혁

500명 책임당원으로 시작한
정권교체의 에너지

이쌍규 선거결과 낙선했잖아요. 낙선한 후, 목포에서 어떤 활동을 다시 시작한 것입니까?

황시혁 다시 시작하기 위해 목포에서 저를 지지해 준 2,554명 그분들을 찾아 나섰어요. 주변에서 우스갯소리로 이번에 젊은 사람 뽑아줬다고 하시는 분들 있잖아요. 그런 분들을 만나고 이야기하는 작업을 제일 처음 했죠. 청년의 이야기를 많이 했는데, 청년의 힘을 믿거든요. 희망적인 미래를 만들어 나갈 수 있는 위치라고 생각을 해서 제일 먼저 목표를 잡았었죠. 대학교 총학생 회장들을 만나서 설득을 많이 했어요. 우리 당이 이렇다. 같이 꿈을 꿔보자. 희망을 함께 하자 도와달라. 우리 청년이 나아갈 수 있는 길을 내가 만들어보겠다. 그래서 성공했던 결과가 목포에서 부총학생회장이 저희 목포시 당협 청년위원장을 맡아 줬었죠. 아마 호남에서는 보수정당 최초일 겁니다. 그 힘으로 대선 땐 총학생회장도 당시 윤석열 대통령 후보 선거운동원이었습니다. 그리고 지역민들을 위한 생활 물품 15톤을 ㈜아성다이소에서 유치해서 코로나 19로 인해 힘든 사회적 약자와 장애인들에게 후원했고, 전남 당원들의 중심을 잡기 위해 전남도당을 광주에서 분리해 전남도청 앞으로 이전시켰었습니다. 덕분에 당원들의 집중도도 올라갔었고, 대선 때 효과를 보였었죠.

이쌍규 　어느 대학 학생인지 알려주실 수 있나요?

황시혁　목포과학대학교 부총학생회장이 저희 청년위원장이었고, 총학생회장이 청년위원으로 있었습니다. 계속 청년들을 만나면서 그다음 대선 때까지 계속 준비되었던 것은 '바람'이었어요. 희망에 대한 바람. '여기 와서 보수도 뭘 하는구나.' '우리가 그냥 따로 떨어진 지역은 아니구나.' 그래서 거의 뭐 매달 현수막 걸고, 사람들을 만나면서 혹시 필요하시면 한번 찾아와 주세요. 그런 이야기들 많이 하고 다녔습니다.

이쌍규 낙선하고 난 뒤 대선 활동을 하신 거네요? 총선에 득표한 거의 3천 표에 관계되는 사람들을 심정적으로 찾아다니면서 선거 조직 활동을 하신 거예요?

황시혁 네 맞습니다. 대선 선거 준비 단계를 계속 워밍업을 했었죠.

이쌍규 그러면 책임당원[17] 수가 늘었어요? 어떻게 됐어요? 아까 23명 책임당원뿐이라고 이야기했잖아요?

황시혁 23명이 500명의 책임당원으로 늘어났습니다. 그래서

---

17 일반적으로, 정기적으로 당비를 납부하는 후원당원을 그렇지 않은 일반당원과 구분하여 더 많은 자격을 부여한다. 이를 지칭하는 이름은 정당에 따라 다르다. 권리당원(더불어민주당), 책임당원(국민의힘), 진성당원(정의당과 진보당)과 같은 명칭이 대표적이다. 특기할 만한 사항으로, 보수에서 진보로 갈수록 당원민주주의가 당연시되는 풍조가 있으므로 당원의 책임보다는 권리를 강조하는 이름을 쓰는 편이다.

2부 정권교체의 마중물, 열정의 젊은 정치

당시엔 당 대표한테 전남에서 당원 배가 운동 1등을 해서 상도 받고 임명장도 받았습니다.

이쌍규 상금은 줍니까? 그때 참모들한테 나눴습니까?

황시혁 시장에서 바꿀 수 있는 농수산물 상품권 100만 원 받았습니다. 전부 회식비로 충당했습니다.

이쌍규 목포에 있을 때 당협위원장으로 가장 잘했다고 생각하는 일은?

황시혁 목포에 있을 때 제가 가장 잘한 것은 사람들과의 유대를 먼저 만들어 놓은 것입니다. 보수라는 것을 사람들에게 거리낌 없이 만들어줬다는 거. 저도 내려가서 실수도 많이 하곤 했는데, 자주 보고 찾아가서 인사도 하다 보니까 그런 일들이 좀 있었던 것 같은데 사람들이 이제 목포에도 보수가 있네? 그런 이미지를 계속 제가 심어놨던 것으로 생각합니다.

이쌍규 보수도 험난한 지역에서 성공할 수 있다?

황시혁 목포에도 보수가 있다. 보수도 목포시민을 버리지 않았다는 걸 보여 준거죠. 제가 지역에 있다지만 모든 것을 알 수 있는 것은 아니니까. 또 민원이란 게 있으면 민주당에 가서 이야기하지만, 그것도 100% 소통이 다 되는 건 아니잖아요. 그런 사람들의 이야기를 들어줄 수 있는 소통 창구가 있다는 것만으로 좋아했던 것 같아요. 그렇다고 그런 민원의 횟수가 많은 것은 아니었지만. 그리고 표시를 내기 위해 제가 전남도당을 목포 쪽으로 가지고 왔어요. 원래 국민의힘 광주시당과 전남도당이 광주 한 건물에 있었거든요. 그것을 당지도

101

부에게 이야기해서 전남도청 바로 앞으로 목포에서 한 5분 거리, 거기로 전남도당을 이전해왔죠. 외부 사람 만나기도 힘든데 최소한 거기에서 당원들끼리라도 소통하고 이야기할 수 있는 공간을 만들어줬다는 것, 그 일이 제일 잘한 것 같습니다.

이쌍규 그 공간은 본인 돈으로 만든 건 아니잖아요.

황시혁 국민의힘 중앙당에 건의하고, 그다음 20대 총선에 전남과 광주에 출마한 사람들끼리 모여서 전남도당 광주시당 분리 추진위원회를 만들어서 독려했습니다.

이쌍규 가장 후회되는 일은? 아, 이거 좀 아쉽다. '내가 이런 실수를 좀 했다'라고 이야기할 수 있는 게 있어요?

황시혁 제가 목포에서 실수는 크게 안 했던 것 같아요. 긴장을 할 수밖에 없는 위치였습니다. 조금 후회되는 일은 조금 더 일찍 갔으면 어땠을까? 제가 총선 공천을 받기 직전 한 반년 정도 일찍 갔거든요. 그냥 2, 3년 정도 먼저 가서 준비하고 있었다면, 정치 판도가 완전히 달라졌을 수도 있지 않았을까, 그런 생각을 합니다.

이쌍규 당시에 출마했던 사람 중에 천하람 변호사도 있잖아요. 그 사람도 대구 출신이잖아요. 그분하고 만난 적이 있습니까?

황시혁 아니요. 따로 만나고 그런 적은 없고, 제가 21대 총선에 공천신청을 하잖아요. 그때 전국에서 처음으로 전라도에 공천을 신청했어요. 1등이었죠. 그리고 계속 공천 결과를 기다렸는데, 어느 순간 천하람 위원장이 순천에 출마한다고 이슈가 막 되는 거예요. 저는 그때도 기다리고 있는 처지였는데, 그러고는 거의 제일 마지막으로 공천받았어요. 역시 정치는 앞선 사람이 필요하구나, 노하우가 필요하다고 느꼈습니다.

이쌍규 상대적으로 먼저 신청했음에도 불구하고, 언론에 알려지기에는 천하람 변호사가 먼저 조명을 받았잖아요. 솔직하게 이야기하면 변호사라는 끗발에 밀린 거죠. 그렇죠?

황시혁　끗발보다는 방법론에 밀린 거 같습니다. 다만 제가 조금 아쉬운 걸 말씀드리면, 당시 '청년 밸리'라는 게 있었어요. 우리는 21대 총선 때 '청년 벨트'라는 걸 만들었었는데, '청년을 소개합니다'라고 대대적인 포스터도 붙이고 했었거든요. 그런데 목포가 없는 거예요. 제가 없었어요. 우리 당에서도 목포에 누가 출마를 한다는 걸 몰랐던 것 같아요. 그래서 제가 거꾸로 당시 황교안 대표한테 전화도 하고, 거의 3일 만에 거기 제 이름이 올라가고 했었는데, 지금 생각하면 저는 청년이기 때문에 공천을 받았다는 건 아닌 것 같아요.

이쌍규　그럼 무엇 때문에 공천을 받은 것 같아요?

황시혁　일반적인 도전에 관한 보상 정도로 생각하고 있습니다.

이쌍규　무슨 뜻이죠?

황시혁　저는 일반 공천을 받았었잖아요. 물론 목포에서도 저 말고 다른 사람들도 공천신청을 했을 거예요. 그런데 그중에서도 나름대로 열심히 할 수 있겠다는 능력에 대한 보상이 아닐까 생각합니다.

이쌍규 충분하게 다른 후보자보다 더 열심히 할 수 있다는 의미이지요? 본인만 생각하시는 거예요, 아니면 공천을 한 배경에 그런 이야기를 들은 거예요?

황시혁 공천을 제가 받았잖아요? 중앙당에서도 그렇게 생각한 게 아닌가 싶어요. 전라남도 목포에서 대구 출신이? 라는 의문점은 있었겠지만, 후보 중 가장 뛰어났으니 공천장을 준 게 아닐까요? 라고 개인적으로 생각합니다.

이쌍규 당협위원장[18] 그만뒀잖아요. 당협위원장으로 얼마 정도 활동하셨어요?

---

18 당원협의회의 운영위원장을 가리켜 당협위원장이라고 한다. 정당에 따라 당원위원회를 지역위원회로, 당협위원장을 지역위원장이라고 호칭하기도 한다. 과거에는 지구당위원장 등으로 불리기도 했으나, 지구당 제도는 2004년에 폐지되었다.

황시혁 　당협위원장으로 활동은 제가 카운팅을 안 해봐서 정확하게는 잘 모르겠습니다. 제가 목포에 있었던 것은 한 1,000일 정도? 3년 정도 있었습니다.

젊고 당당한 미래보수 황시혁

정권교체를 위한 목포 청년들의
숨은 노력들

2부 정권교체의 마중물, 열정의 젊은 정치

이쌍규 대선 때 윤석열 대통령을 만들기 위해서 구체적으로 어떤 활동을 했습니까?

황시혁 대선 때 저는 목포에 계속 있었어요. 목포 지역 사람들에게 어떤 희망을 줄 수 있을지를 제일 많이 고민했었고, 윤석열 정부가 들어온다면 우리 보수가 지역색과 다른 정당 지역구에서 어떤 것을 구체적으로 줄 수 있을까를 생각 많이 했어요. 그래서 구상했던 게 목포 전 지역 '면세화 구역'이고요. 그 면세화 구역을 사람들에게 알리는 생산적인 논쟁을 많이 했습니다.

이쌍규 '목포 지역에 면세화 구역을 유치하자'라는 내용을 지속해서 이야기하면서 지지 활동을 했다는 거예요?

황시혁 네, 그렇지요. 당시 제가 현수막을 많이 걸었는데, 그중 하나가 '목포에 형이 별을 따 줄게'였습니다. 스스로 자생할 수 있는 지역을 만들기 위해 쓴 멘트였고, 희망의 꿈을 심어줄 수 있는 메시지였지요. 다만 매번 하루만 지나면 없어졌어요. 목포의 현수막은 장 당 10만 원으로 비싼데 말입니다. 그래서 현수막이 떨어지면 사람들 만나서 이야기하고 만화로도 만들어서 홍보지를 만들고 그랬어요.

이쌍규 왜 비싸죠? 본인한테만 비싼 거예요, 아니면 일반적으로 비싼 거예요?

황시혁 일반적으로 비싸다고 저는 믿고 있습니다. 목포 지역에 현수막을 걸고, 그다음에 사람마다 만나서 '목포가 면세화 구역이 된다면 어떻게 발전될 것이고 어떻게 개발될 것이다.'라는 것을 계속 다니면서 이야기했었죠. 많은 사람에게 호응도 받고, 그다음에 좀 터무니없는 거라는 질타도 많이 받고 그랬습니다.

이쌍규 터무니없다는 것은 그걸 추진할 정치적 힘이 없다는 거 아니에요?

황시혁 터무니없는 정책은 아니었습니다. 다만 당시 지역구의 책임자인 제가 배지를 달고 있는 원내 의원이 아니어서 힘에 부쳤던 것뿐이죠. 그것도 목포시민들이 많이 지지했었다면 가능했을지도 모르는 정책이었습니다.

이쌍규 그런 이야기 들었을 때 본인은 어떻게 대응했어요?

황시혁 더 열심히 한다고 했죠. 믿어달라고도 했습니다. 이 정
책이 목포를 살릴 수 있을 거라고, 그리고 수도 없이
대선 캠프 정책팀에 찾아가서 이야기하고 호남에서의
득표율을 올릴 수 있는 길이라면서 설득도 했습니다.
결국, 확정받지는 못했지만... 원외의 아쉬움을 겪었습
니다.

이쌍규 아까 말씀하신 보수정당의 윤석열 후보가 호남 3권역
에서 10% 이상 전부 다 득표했잖아요. 87년 직선제 이
후로부터 처음 두 자리 득표수거든요. 민주당의 심장
에서 최초로 10%를 얻은 원인이 뭐라고 생각합니까?

황시혁   준비였던 것 같아요. 20대 대선 때 목포에 좀 특별한 이벤트들을 많이 만들었습니다. 모든 선거원이 20대였어요. 20대 애들이 점점 더 활력적으로 했었고, 그다음에 원래 대선 때 쓰는 노래가 어떻게 보면 젊은 사람들한테는 좀 진부한 노래일 수도 있잖아요. 좀 딱딱하고 또 뭐랄까, 좀 느슨하고. 그래서 저는 저희 목포에서만 따로 노래를 만들었어요.

이쌍규   어떤 노래를 만들었습니까?

황시혁   윤석열 선거운동 노래를 저희는 아예 EDM[19]으로 다 만들었어요. 기회가 된다면 한번 들려드리겠지만, EDM으로 만들어서 사람들에게 좀 더 시끄러운 효과를 많이 냈습니다. 좀 젊은 애들이 뭘 하나? 이런 느낌을 많이 만들었습니다.

---

19 이디엠(EDM)은 '일렉트로닉 댄스 뮤직(Electronic Dance Music)'의 약자로, 특정한 장르를 지칭한다기보다는 1990년대 들어와 클럽, 페스티벌, 파티에서 사용되는 전자음악을 통칭하는 보다 '넓은 개념'이다. '전자 악기로 연주되는 음악'을 가리키는 '일렉트로닉 뮤직(Electronic Music)'과는 구분해서 사용되어야 한다. 클럽 뮤직(Club Music), 혹은 그냥 댄스 뮤직(Dance Music)이라고 불리는 경우도 있다.

이쌍규 아까 20대의 선거운동원이라고 이야기를 했는데 목포 지역에서 얼굴을 다 공개했어요?

황시혁 공개했습니다. 아까 제가 말씀드린 정치는 그냥 정치 일 뿐이지만, 쉽게 생각하면 청년들에게는 삶이거든 요. 누구 아들이 국민의힘 뭐 하고 있다. 이런 이야기 들이 많이 돌아서 청년들이 계속해서 교체되었어요. 나중에 이준석 대표가 목포에 왔을 때는 애들이 각시 탈도 쓰고 그랬거든요. 색출 작업이 좀 많이 나왔던 거 였죠.

이쌍규 각시탈을 쓴다는 것 자체가 어떻게 보면 정치를 희화戲畫 시키는 거 아니에요?

황시혁 그 사람들이 그런 이야기를 했었어요. 이거 좀 정치의 희화 아니냐, 그런데 그 당시에는 20대 청년들의 의지 가 있었어요. 나는 나가서 무슨 말이라도 해 보고 싶 다. 그런데 이거 부모님 때문에 못 할 것 같다. 그런데 '형! 나 뭐 좀 하고 싶습니다'라고 얘기했을 때 우리끼 리 이야기 나온 게 '각시탈 착용'이었어요. 마스크도

쓰고 있으니까 거기에 탈을 쓰고 있으면 너희를 모를 것이다. 그런데 그중에 한 명이 모두의 반대를 무릅쓰고, 마스크와 가면을 다 벗고 윤석열 지지 운동했었거든요. 어떻게 보면 20대가 할 수 있는 틀을 깨는 용기 있는 도전이었다고 생각합니다.

이쌍규 대선 기간에서 가장 기억 남는 에피소드가 있어요?

황시혁 각시탈 착용. 그것이 어떻게 보면 젊은이들의 도전이었고, 기성세대와 차별점이었습니다. 어떻게 보면 조금 삐뚤어진 생각일 수도 있거든요. 그런데 다행히 그때 오셨던 분들이 젊은 애들한테 '용감하다'라는 말들을 많이 해주셨어요. 젊어서 할 수 있었고, 젊으므로 인정받았다고 생각합니다.

이쌍규 각시탈 착용은 정치 희화화가 아니고, 젊은 층의 새로운 정치 의사 표현 방식이라는 것을 인정해줘야 한다는 뜻이죠?

황시혁 네. 그들도 실질적으로 인정을 해줬었고요. 하지만 얼마나 안타깝습니까? 얼굴을 가리고 하는 정치 의사 표현 방식이 21세기 대한민국에서 있었습니다.

이쌍규 다시 국회의원 출마를 목포로 다시 돌아간다면, 단 한 가지만 내가 그때 좀 바꿀 수가 있다면, 어떤 것이 있을까요? 이것 하나는 내가 좀 바꿨으면 좀 더 낫지 않았을까? 라는 게 있어요?

황시혁 지금 다시 돌아간다면 저는 중앙당에서 살 것 같습니다. 처음에 목포에 출마했을 때, 중앙당에서조차 인식을 못 하고 있었던 것 같아요. 정치가 처음이고 처음 출마하는 것이니까 어떻게 해야 하는지도 잘 몰랐고 오로지 지역에 몰두해 있었는데, 정치는 중앙의 사람들에게 알릴 수 있는 방법론도 꽤 중요하더라고요. 중앙에서 '호남에도 이런 사람들이 있습니다. 이런 젊은 사람들이 있습니다.'라는 것들을 많이 해줬다면, 사람들이 바라보는 시선과 시야도 더 달라졌지 않았을까 생각합니다. 만약에 21대 총선으로 돌아간다면 저는 중앙에서부터 다시 시작할 것 같습니다.

이쌍규 중앙당서 시작한다. 목포에서 출마할 때, 서러움을 많이 당했다는 뜻이죠?

황시혁 당에서 잘 몰랐으니까요.

이쌍규 전반적으로 보수정당이 목포나 전라도에 관한 생각들이 별로 없다는 뜻 아닐까요?

황시혁 그 점이 저도 좀 아쉬운 점으로 남아 있습니다. 지역에서만 계속 열심히 해도 될까 말까인데, 중앙에서는 잘 몰라준다는 거죠. 제가 봤을 때는 우리 당이 호남에 대한 투자를 대대적으로 해야 하는데 투자가 안 됩니다. 호남 권한으로 비례대표를 뽑아도 호남에 남아 있지 않고 서울로 가버리는데 누가 호남의 목소리를 들어주겠어요? 호남비례는 호남에서 당협위원장을 하면서 자리를 지켜 줘야 합니다. 호남 몫의 특혜가 중요한 게 아니라 관심과 의지가 더 중요합니다. 돈을 쓰는 것이 투자가 아니고, 사람들이 지역에서 더 열심히 할 수 있는 길을 열어 주는 투자를 더 해야 합니다.

이쌍규 서로 견해가 좀 다를 수가 있는데 5.18에 대해서는 어떻게 생각하십니까?

황시혁 5.18에 대해서 저도 정말 많은 인터뷰를 했었고 정말 많은 사람과 전화 통화도 했었거든요. 한 문장도 보도 안 해주더라고요. 너무 틀에 박힌 이야기만 해서 그런지 모르겠는데, 5.18은 정부가 잘못한 게 맞습니다. 국민을 상대로 군인이 움직일 수는 없는 겁니다. 경찰이란 직제職制가 있고, 군인은 나라를 지키기는 데 필요한 것이죠. 그것을 반대로 활용을 했기 때문에 저는 나라의 잘못이라고 생각합니다.

이쌍규 만약 대구에서 그런 이야기를 하면은 또 다르게 또 평가할 수도 있잖아요.

황시혁 아직 그런 분들을 만나지는 못했지만, 만나면 우리가 당시에 살지 않았지만, 역사적으로 평가하는 팩트이고, 저의 정치적 신념이라고 이야기할 것입니다.

젊고 당당한 미래보수 황시혁

2부 정권교체의 마중물, 열정의 젊은 정치

청년 정치인의
말 못 할 고민과 고충

이쌍규 실제로 지역구 활동을 하면 돈이 들잖아요. 그런데 매
달 들어오는 특허 사용료로 버팀목을 삼았다고 언급했
는데 이것은 뭘 말하는 거죠?

황시혁 그게 아니고 제가 원래 관광산업을 오프라인에서 온라
인으로 넘어갈 수 있는 교두보를 특허라는 형태로 만
들었어요. 특허의 형태는 지도를 보면서 우리 스스로
예약을 할 수 있는 구조와 그다음에 항공권을 손쉽게
끊을 수 있는 방법론들에 대한 것인데, 대략 400개의
여행사가 저희 플랫폼을 이용하고 있었습니다. 그리고
이 플랫폼의 기술을 누군가 사 갔고요. 그 비용을 특허

비로 받았습니다. 그리고 청년이 돈이 많아 봐야 얼마나 있겠습니까? 돈은 많이 없습니다.

이쌍규 예를 들면 '여행의 쿠팡 시스템'인가요? 소비자들이 편하게 여행을 할 수 있는 플랫폼을 만들었다는 뜻입니까?

황시혁 관광이 정말 복잡합니다. 지금 여기서 말씀드리면 장편소설이 될 거 같고, 쉽게 말씀드리자면 내비게이션 시스템을 이용해서 여행일정표를 작성하고, 호텔 예약

과 가이드 예약, 항공 예약 시스템을 한 번에 묶어놨다고 생각하시면 될 것 같습니다.

이쌍규 이게 특허의 핵심이에요? 그럼, 특허 사용료가 많이 들어옵니까?

황시혁 지도에서 일정표를 작성시키는 것이 핵심이죠. 특허 사용료는 거의 제 특허가 초창기 모델이라 조금 많이 들어옵니다.

이쌍규 정치 활동하는 데는 도움이 좀 되겠네요. 시드머니가 있다. 그러니까 가난한 정치인은 아니다, 는 의미입니까?

황시혁   정치 활동의 도전 연료로 쓰고 있습니다. 사실 저도 청년인데, 가난합니다. 거의 딱 쓸 만큼만 있는 거죠.

이쌍규 한겨레신문 기사를 보니, 제일 힘든 것이 돈이라고 언급을 하셨던데요?

황시혁　정치 활동하면서 가장 힘든 건 돈입니다. 왜냐하면, 저희는 사람들을 만나는 것이 일인데, 사람을 만난다고 수입이 생기지 않습니다. 계속 소비해야 하는 것이죠. 게다가 정치 후원금이라는 것이 국회의원을 제외하면 받을 수도 없게 되어 있어요. 정치적 활동을 한다는 것 자체가 안정적인 수입이 있는 사람만 가능하게 만들어 놓은 것이죠. 돈은 없지만 참신한 신인 정치인이 성장하기엔 참 어려운 것이 현실입니다. 행사를 해도 돈이고, 인터넷을 한다 해도 돈이고, 사람을 만나는 것도 돈인데 말이죠.

이쌍규　어떻게든 간에, 목포에서 정치를 하겠다고 이야기했는데 왜 다시 대구로 돌아왔어요?

황시혁　저희가 정권교체로 여당이 되었습니다. 그리고 대한민국이라는 나라에 여당이라는 위치에 있으니까 지역민들이 지역의 대표는 지역민이길 바라는 것이 있어요. 게다가 아직 영호남 갈등이라는 것도 있고, 그리고 지역민 중에서도 뛰어난 사람이 있다면 기회를 주는 것도 좋을 수 있잖아요. 제가 가진 권한이나 권위가 뭐가 중요하겠습니까? 큰 목적을 이루었는데. 그래서 지방선거 때부터는 지역민 중에서 뽑고 싶다 해서 당협위원장을 사퇴하고 대구로 돌아왔는데 몇몇 사람들이 이야기는 하더라고요. 실패한 귀환이라고...

그런데 저는 성공해서 온 거예요. 실패해서 돌아온 것이 아니냐? 묻는 사람들에게 항상 다시 묻습니다. 당신은 '정권교체'를 위해 무엇을 했나? 그리고 기본적으로 국회의원 당선을 위해 목포에 도전하는 사람은 아직은 없을 것이라고 합니다. 저는 윤석열 대통령이 보수정당 최초로 10% 이상의 득표율을 목포에서 이루어냈고 정권교체를 완수했으니 제 목표를 다 이루었고, 고향에 와서 고향의 발전을 위해 또 열심히 뛰어야죠. 저는 저의 과거도 그리고 현재도 상당한 자부심을 느끼고 있습니다.

이쌍규 실제로 목포에서 국회의원 안 될 것 같으니까, 다시 고향으로 돌아온 거라고 이야기하는 사람도 있을 거 아니에요?

황시혁 예. 일부 있습니다. 그런데 그들도 만나서 이야기하면

다 이해하고 응원해 주십니다. 미래를 위한 준비를 하기 위해 갔었고 다시 고향을 위해 헌신할 기회를 마련하기 위해 연어처럼 고향에 다시 왔다. 그러면 대부분 다시 찾아와줘서 고맙다고 손뼉 쳐주시죠. 저 역시 남자의 뜻을 이해해 줄 사람들을 만났으니 어찌 고맙지 않겠어요. 오히려 그런 분들이 요즘 더 절 도와주시는 것 같아요.

이쌍규　목포 국회의원 출마 자체가 정권교체를 하기 위한 청년들의 버팀목이 돼주기 위해서 갔다는 거잖아요. 그렇죠?

황시혁　네. 그런 의미입니다. 정권교체가 성공했으니까, 소임을 다하고 목포 지역 출신들이 당협위원장을 할 수 있도록 해놓고 다시 고향으로 돌아왔습니다. 저는 개척자가 저의 길입니다. 그렇게 열심히 한 것 같습니다.

젊고 당당한 미래보수 황시혁

영호남의 갈등은 정당의 노력에서
해소 될 수 있다
(2023년09월27일 원자력신문 황시혁칼럼中)

정부의 시책이나 정치인들의 지지율 확인을 위해 거의 매일 시행되는 여론조사는 오차범위라는 것을 가진다. 오차범위(허용오차)라는 것은 랜덤 샘플링 오차의 양을 나타내는 뜻으로 보통 0%~5%의 범위를 가지고 있다.(조사마다 다르지만, 오차범위가 좁을수록 정확하다) 최소는 0%로 최대 변동률은 5%로 보는 것이기에 결과가 나오기 전 보수적으로 접근하여 계획한다면 거의 0%(ZERO)에 수렴한다고 봐도 무방하다.

이 오차범위를 2.01%, 3.79%, 3.71%, 3.3%, 4.34%, 3.62%, 그리고 4.2%, 2.37%라는 득표율을 받은 전남, 광주에 출마한 미래통합당(국민의힘 전신) 후보들의 21대 총선 결과에 대입하면 오차범위 내의 성적이고, 31.01%, 26.63%, 30.54%, 17.81%, 25.79%, 33.55%, 39.3%, 25.13%, 26.88%, 28.07%, 27.62%, 27.02%라는 대구에 출마한 민주당 후보들

2부 정권교체의 마중물, 열정의 젊은 정치

의 득표율은 오차 범위를 넘어선 결과를 예측 할 수 있으며 이 결과는 어떤 다름과 차이점을 지니고 있는가를 생각해 보지 않을 수 없다.

21대 민주당의 후보군은 전부 대구 경북 지역 출신이며 청와대, 국가균형발전위원회 등의 대통령직속 조직이나 준정부기관 또는 자회사 등의 이사장, 자문위원, 국무총리, 전직 국회의원, 장관 등 어디 내놓아도 남부끄럽지 않을 임명직을 바탕으로 한 후보들이 주류를 이루었던 반면, 미래통합당(국민의힘 전신)의 후보들은 지역을 넘나들며 전직 교수나 변호사 등 본인의 능력 위주 후보들이었다.

임명직이라는 것이 본인 스스로 열심히 해서 만들어 낼 수 있는 것이 아니라, 타인으로부터 혹은 위에서부터 만들어진다는 점에서 민주당 후보들은 본인 자기 능력뿐 아니라, 주변에서 또는 정당에서의 노력이 보여지고, 미래통합당(국민의힘 전신)의 후보들은 마치 축구나 농구 등의 단체전에서 홀로 플레이하는 개인전인 느낌이다. 그러기에 미래통합당 후보자들의 활동량에는 폭이 좁다. 그래서일까 보수당의 역대 기록을 봐도 텃밭을 넘어간 경험의 숫자도 매우 적다.

또한, 지난 시간부터 지금까지 가지고 있는 정당에 대한 이미지도 차이점을 지니고 있다. 진보와 민주라는 무언가 새로움, 희망, 꿈, 기대, 젊음, 기회, 평등, 공평의 이미지와 보수라는 답답함, 꼰대, 꽉 막힘, 말이 안 통함, 늙은 사람, 기득권이라는 이미지는 가지고 있는 힘 자체가 다르다. 아무리 힘든 군복무라도 18개월이라는 끝이 보이는 힘듦은 '기대'라는 것이 목표로 잡히겠지만, 끝이 없는 군복무는 절망의 늪에 빠져 버린다. 이는 정당 생활에서도 말 할 수 있다. 알다시피 정당이라는 것이 누군가가 희생하며 열심히 대의를 위해 활동하는 것이다. 이 희생에도 목표라는 가치와 희망의 기회가 보인다면, 노력의 끝을 위해 달려 나갈 수 있지만 당내의 보상이나 위치, 혹은 기회조차 설정되지 않는 노력은 중도 포기의 순서를 밟는다.

필자 역시 영남 출신으로 연고 하나 없고 아는 사람 하나 없는 목포에 출마를 결심한 이유는 '정권교체'라는 개인적인 막연한 목표와 기대 그리고 관광산업의 발전과 희망의 가능성이 목포에 있기 때문이었다. 다만 책임당원(당비 1,000원 이상을 내는 당원)은 23명이었고, 그중에서도 대다수의 사람은 만날 수 없었던 기회에 당의 역할에 실망한 적이 있었다. 하지만 그때부터 만나는 사람 하나하나가 새로운 당원이고 지지자라는 목표는 고무적이었다. 그때부터 매일 하루 1명의 사람을 만났고 23명의 당원에서 대략 3,000여 표의 득표율을 만들어 냈다. 그 후 3년 간 매일 1명의 만남이라는 실행은 500여 명의 책임당원으로 결과를 나타냈다.

또한, 어디 지역 출신이며, 누구 아들, 누구 친구라는 알 수 없는 기대감이라는 감정이 아닌, 지역에 외부 자본의 유입이라는 기대감은 이성으로 할 수 있다는 정책으로 보여졌다. 목포라는 지역은 지원금으로 이루어진 지역으로 외부 자본의 투자가 거의 없었다. 이에 중앙지원금의 비율이 높았으며 거의 모든 산업이 정부에 기대어 조직화한 사회 체계를 이루고 있었다. 그래서 지역 전체 '면세화 구역'이라는 공략을 내세워 자본의 흐름을 뚫어 내고 지원금 이외의 산업으로 자금이 지역 전역에 휘몰아쳐 카르텔을 깨고자 노력했었다.

마지막으로 보수라는 이름을 안정과 화합, 그리고 미래와 혁신으로 도배하였고, 청년단을 주축으로 젊음을 강조해 20대 대선 땐 모든 선거운동원을 20대로 구성하였으며, 대선 홍보 노래조차 목포만의 노래로 테크노풍의 EDM을 가득히 담아 "혁신의 목포 보수"라는 이미지를 만들어 냈다. 60대 이상의 원로들의 양보와 화합으로 만들어진 풍경은 45세 이상이 없는 유례없는 선거운동으로 젊음과 열정 그리고 도전의 모습으로 뇌리에 남았다.

결국은 민심이었을까? 지난해 대선에선 0.73%라는 초박빙 승부였지만, 보수정당 후보가 호남 3권역에서 모두 10%의 득표율을 넘긴 것은 1987년 대통령 직선제 개헌 이래 최초였고, 민주당의 심장이라는 전라남도 목포에서도 최초로 10%를 달성했다.

이제는 정당의 역할로 순서가 넘어왔다. 더 이상 오차범위 내의 후보가 아니라 오차범위 밖의 후보로, 개인전이 아니라 단체전으로 최초라는 이름으로 만들어진 윤석열 대통령 당선의 경험을 바탕삼아 영호남이 갈등이라는 이름이 아닌 하나의 대한민국, 모두의 대한민국이 되길 기대해 본다.

3부

대구, 미래보수의
새로운 시작

"이제 투쟁의 시대를 지나 자유, 평등, 평화, 복지의 시대로 전환되고 있습니다.

586 운동권과 산업화 세력의 물러남과 동시에, 앞으로 다가올 시대변화에 적합한 이데올로기가 제시되어야 하기에 저는 감히 미래보수를 제시합니다.

미래보수는 황시혁의 인생관과 닿아있습니다.

삶의 희망과 바람에서 문재인 정권에서 윤석열 정부로의 정권교체를 외쳤고, 정권교체 이후 혁신정치에 대한 열망과 희망을 준비하고 있습니다.

실제로 미래보수의 가장 큰 핵심은 '보수의 태생적 한계를 깨트리자'는 데 있습니다."

당당한 미래보수의 길을 걷는다

현재원 대구에서 22대 총선을 준비하시는데요. 혹시 희망하시는 지역구가 따로 있으실까요?

황시혁 저는 다시 고향으로 돌아왔습니다. 북구 을[20] 칠곡이 저의 고향입니다.

이쌍규 칠곡 지역구 특성은 어떤가요?

---

20 1996년 대한민국 제15대 국회의원 선거를 앞두고 북구에서 독립되면서 신설되었다. 신설 당시 복현동, 검단동, 무태조야동, 노곡동, 칠곡동, 관음동, 태전동이 북구 을로 묶였으며, 나머지 지역들은 북구 갑이 되었다. 2016년 대한민국 제20대 국회의원 선거를 앞두고 복현동을 북구 갑으로 넘겼다.

황시혁 앞서 말씀드렸지만 칠곡은 원래 경북 칠곡이에요. 경
북 칠곡이라서 대구로 편입된 지가 얼마 안 된 지역입
니다. 그러다 보니까 개발이 조금 늦어요. 도시의 지리
적 특성 자체가 구미와 가깝고, 대구 안에서는 성서공
단이 가까워요. 많은 사람이 서비스 지역이나, 베드타
운으로 이용을 많이 하고 있습니다.

현재원 희망하시는 지역구와 인연이 따로 있으신지도 궁금합
니다.

황시혁 고향이죠, 지역과 거스를 수 없는 태생적 인연. 사람
이 100년 사는데 20년 남짓의 시간을 여기서 보내면서
초.중.고 친구들과의 인연과 그리고 저를 믿어주시는
분들이 많이 계신 고향 동네입니다.

현재원 대구에서는 주로 어떤 정치 활동을 진행하시나요?

황시혁 대구는 많은 이미지가 있습니다. 그중에서 보수라는
부정적인 이미지가 많이 있어요. 젊은 사람들이 접근
하기 힘든, 나이 많은 분들이 계신 도시입니다. 이런

이미지를 극복하기 위해 대구에서 청년들을 모아서 '미래보수청년연합'이라는 것을 하고 있고요. 또 신인 정치인들이 꼭 젊은 사람들만 있는 것이 아닙니다. 나이 많으신 분들도 계시는데, 처음 출마하시는 분들을 위해서 '정치 캠퍼스'라는 조직을 새로 만들었어요. 정치단체를 만들어서 함께 소통하고 이야기할 수 있는 공간을 만들고 어떻게 하면 올바른 정치가 될 수 있을지 서로 고민하고, 기성의 정치인들을 불러서 아 이것 좀 바꿨으면 좋겠다고 하는 민원도 넣고 그렇게 정치 공부를 하고 경험하면서 활동하고 있습니다.

현재원 국회의원 신분도 아니라, 아직 정치신인으로서 정치에 참여하고 계시는데, 어렵지는 않으신지요?

황시혁 　모든 정치인은 다들 어렵지 않을까요? 신인뿐이 아니라 지금 정치를 하시는 분들도 많이 어려워하실 것 같은데, 전 아직 배지를 달지 못했지만, 출마를 경험한 사람이라 정치 신인보단 중고 신인, 박스만 개봉한 새 제품의 느낌이겠네요. 다만 지역적 특색이 있어서 대구의 경우 처음 하는 일들이 몇 개씩 있잖아요. 그런 게 조금 어려운 부분이지만, 목포 때와는 다르게 앞선 단계의 고향 선배님들이 하나씩 하나씩 알려주시면서 하고 있어서 조금은 낫습니다.

현재원 　황 대표님의 고유한 정치 브랜드는 어떤 것이 있을까요?

황시혁 　저는 많은 사람이 정치를 이야기하면서 새로움, 뭐 이런 이야기를 많이 하는데 그것보다는 미래 가치적인 것을 만들고 있어요. 저는 이 뜻을 '미래보수'라 칭하고 있습니다. 미래보수라는 게 어려운 것이 아니고요. 그리고 전혀 다른 것도 아닙니다. 다만 우리가 앞으로 어떻게 나아가야 하는지, 시대에 맞는 보수의 방향이 어떤 것인지 말해주고 있죠. 저는 이런 '미래보수'가 저의 정치 브랜드입니다.

현재원 황 대표님이 생각하시는 '미래보수'란 무엇입니까?

황시혁 지금까지 보수는 많은 사람이 이념적으로, 특히나 대한민국이라는 나라에서는 반공反共의 형태로 많이 생각합니다. 이제는 사람들이 먹고 자고 편히 쉴 수 있는 공간과 환경들이 옛날보다는 많이 나아졌잖아요? 이 나아진 환경의 혜택을 받은 사람들이 아직 환경적으로 부족한 다른 사람들에게 어떻게 나누어 갈 수 있는지, 어떻게 사회에 환원할 수 있는지를 생각하는 것이 '미래보수'라고 생각합니다. '따뜻한 시장경제'라고도 할 수 있죠. 이제는 투쟁의 시대를 지나 자유, 평등, 평화, 복지의 시대로 전환되고 있습니다. 586 운동권과 산업화 세력이 물러남과 동시에, 앞으로 다가올 시대변화에 적합한 이데올로기가 제시되어야 하기에 저는 감히 미래보수를 제시합니다.

미래보수는 이 황시혁의 인생관과 닿아있습니다. 삶의 희망과 바람에서 문재인 정권에서 윤석열 정부로의 정권교체를 외쳤고, 정권교체 이후 혁신정치에 대한 열망과 희망을 준비하고 있습니다. 실제로 미래보수의 가장 큰 핵심은 '보수의 태생적 한계를 깨트리자'라는 데 있습니다.

이쌍규　사회적 약자와 연대하겠다는 뜻이에요?

황시혁　연대라도 할 수 있다면 해야죠. 더 나은 삶을 위해서라면 더 할 수 있다고 생각합니다. 정해진 정답은 없지만 올바름 있는 삶이 지금 우리 젊은 사람들이 생각하는 기본 틀이라고 생각합니다.

이쌍규　보통 우리가 보수를 이야기하면 '반칙의 특권과 습관화'가 많잖아요. 반칙 자체를 '이건 특권이다'라고 이야기를 하는데 거기에 대해서는 어떻게 생각해요?

황시혁　진보는 위선을 버리고, 보수는 무능을 바꿔야 한다고 생각합니다. 무능을 바꾸려고 하면 반칙에 대한 특권, 그런 것들을 내려놔야 한다고 생각하거든요. 보수에 새로운 물이 들오지 못하는 이유가 내려놓음이 안 돼서 그런 거예요. 연속성으로 기득권을 가지고 가려 하니 능력 없는 사람이 이어받게 되는 것이죠. 미래보수는 아닌 것은 아니듯이 내려놓을 수 있어야 한다고 생각합니다. 반칙의 특권과 습관화를 과감히 버려야 되는 거죠. 사실 본인들이 더 잘 알아요. 욕심이라는 것을.

이쌍규 공정과 상식에 입각해야 한다는 뜻입니까?

황시혁 '공정과 상식'이라는 것은 많은 사람이 인정할 수 있을 만한 기본적인 토대가 있어야 한다고 저는 생각을 하거든요. 무능으로 인한 반칙과 특권이 있으면 얼마나 거부감이 크겠습니까? 공정과 상식은 미래보수의 1번 요건이 될 수 있는 거죠.

젊고, 당당한 미래 보수주의자

현재원 앞서 당당한 젊은 정치라는 키워드를 언급하신 바가
있는데요. 당당한 젊은 정치는 어떤 의미일까요?

황시혁 정치는 항상 젊다고 생각하거든요. 새로운 도전들이
있어야 하고, 새로운 미래를 만들어낼 수 있는 과학적
인 증거가 있어야 한다고 생각합니다. 그러나 앞으로
나아가려고 하면 반칙이라고 하는, 혹은 나이로 밀어
붙이는 이런 것들이 저희에게는 조금 걸림돌이 되었다
고 생각합니다. 당당하다는 거, 총선 앞두고 공천에 눈
치 보고, 윗사람의 눈치 보고 그런 거 하지 말고, 아닌
건 아니라고 이야기 할 수 있는 정의(正義)가 있어야죠.

그런 정의 위에 우리는 좀 더 새로운 것을 만들어가야 합니다. 당당한 젊은 정치라는 것은 그러한 '도전의 의식'과 '책임질 수 있는 의지'라고 생각합니다.

현재원 황 대표님께서는 보수[21]와 진보를 어떻게 정의하실까요?

----

21 급격한 변화를 꺼리고 현재의 상태 또는 체제를 그대로 유지하려는 사상이나 태도를 이르는 말로, '진보주의'의 반대 개념이다. 보수주의는 '역사적 보수주의'와 '심리적 보수주의'로 구분할 수 있다. 일반적으로 일컫는 보수주의는 역사적 보수주의, 즉 사상적 이데올로기로서의 의미를 지닌 정치사상의 한 조류를 말한다. 보수주의는 18세기 영국의 정치가이자 정치철학자였던 E. 버크가 프랑스혁명 이듬해인 1790년 내놓은 저서 《프랑스혁명에 대한 성찰》을 통해 사상적 조류로서의 이론적 기초를 갖추게 되었다. 버크는 프랑스혁명의 여파가 영국에까지 영향을 미칠 것을 우려했는데, 급진적이고 급격한 사회변혁보다는 검증된 과거의 전통을 존중하면서 점진적으로 조금씩 사회를 개선해나가자는 영국의 점진주의(개량주의)를 지지했다.

황시혁   진보와 보수를 나누는 것은, 인간 이성^{理性}이라고 보거든요. 인간의 이성을 얼마나 믿고 있느냐에 따라 구분할 수 있어요. '인간의 이성은 모든 것을 다 할 수 있다', 혹은 '인간의 이성은 구조적으로 한계가 있다'라고 주장하는데 '인간의 이성이 모든 것을 할 수 있다'라는 것은 진보 쪽으로 분류할 수 있어요. 그래서 우리가 내는 계획과 목표가 무조건 정답일 것으로 판단하는 것입니다. 이성의 절대성과 완벽성을 믿는 경향이지요. 보수는 인간의 이성보다는 우리가 가지고 있는 경험의 가치를 생각합니다. '경험을 해 보니까 이건 아니었어.' 인간이 원래 보수적인 동물인 것이 너무 급격하게 변화하게 되면, 스스로 움츠러들게 됩니다. 경험적으로 천천히 한 번씩 바꿔 나가보자는 것이죠. 그래서 보수의 발걸음은 혁신^{革新}이라고 생각합니다. 천천히 고쳐 나가는 것이고, 진보는 급격한 변화의 형식으로 나가는 것이죠.

현재원   한국 보수와 진보의 문제점은 무엇이라고 생각하시나요?

황시혁 앞서 말씀드렸다시피, 한국 진보의 문제는 위선이에요. 가장 큰 예가 조국 사태나 이재명 민주당 대표의 사건이라고 볼 수 있는데요. 조국의 적은 조국, 이재명의 적은 이재명이다. 뭐 이런 이야기들을 많이 하잖아요. 타인에게는 도덕을 강요하면서 정작 본인은 하지 못한다는 거예요. 그리고 한국 보수의 문제점은 정치보다는 산업화 세력이다 보니 정치적 아젠다를 가져가지 못하고 있어요. 대한민국에서 가장 큰 정치적 유산이 '박근혜' 전 대통령인데 그것조차 지켜내지 못하고 있잖아요? 뉴스에 대한 이슈 파이팅도 부족하고, 무엇보다 어느 뿌리를 가지고 가야 하는 이념적 태도도 아직은 부족하죠. 그러다 보니 정치적 후계자를 양성하지 못하고 밖으로 눈을 돌려 실력자로 보이는 자를 영입해 올 수밖에 없죠.

현재원 황 대표님께서는 어떤 보수주의자입니까?

황시혁 저는 '미래 보수주의자'입니다. 이제 사람들은 조금 풍요롭게 태어납니다. 풍요로운 환경 속에서 살고 있으니까 소비 자체도 비교 소비를 하게 되는 거죠. 우리가 뭔가를 할 때 우리가 가지고 있는 많은 부분이 있어요. 많은 부분을 조금 적게 가진 사람들에게 어떻게 나누어줄 수 있는지를 생각해야 합니다. 옛날에 우리가 가지고 있는 게 보수와 진보의 차이가 분배의 법칙이라고 하는데, 이제는 분배의 법칙이 아니고 가지고 있는 것들에 대한 '공유와 공동화'에 대해 생각해야 합니다. 모든 사람이 다 열심히 일합니다. 마이클 조던이라는 농구 선수가 있습니다. 그는 정말 열심히 했고 그래서 성공한 슈퍼스타가 되었습니다. 하지만 마이클 조던이 소말리아나 조선 시대에 태어났다면 지금처럼 성공을 할 수 있었을까요? 6.25 전쟁 중에 태어났다면 어떠했을까요? 오늘날 태어났으니 성공할, 그리고 할 수 있는 가능성이 주어진 게 아닐까요? 그리고 지금의 사회는 수많은 사람을 통해 만들어졌습니다. 그 누구도 열심히 하지 않은 사람이 없겠죠. 무명의 NBA 선수도 마찬가지였을 겁니다. 그런 환경적 혜택을 받은 성공한 사람들은 사회에 그 이익을 나눠줘야 주어야 한다고 생각합니다. 그것이 제가 생각하는 미래보수의 콘텐츠입니다.

현재원   지금까지 말씀해 주신 황 대표님의 정치철학[22]을 키워
드로 표현한다면 어떻게 표현하실 수 있을까요?

황시혁   미래 보수 희망이 제가 마지막으로는 '도전하는 꿈' 그
리고 '우리 모두의 미래'입니다.

현재원   조금 더 자세하게 설명해 주실 수 있으실까요?

황시혁   정치는 나누어야 하고, 경쟁해야 하고 포기하지 않고,
함께하는 정의(正義)를 만들어 나아가는 것입니다. 삶
의 목적은 이념으로 만들어지며, 그 이념 안에 정의가
바로 잡혀야 합니다. 정의는 분배보다는 형평에 맞게,
나 혼자보다는 우리와 함께, 그냥 얻어지는 것보다는
노력해서 얻을 수 있는 결과를 만들어 내야 합니다. 인
간의 부족함을 인정하고, 더 나아지기 위해 노력하며,

---

22   정치철학(Political Philosophy,政治哲學)은 인간과 사회의 정치적 영역에
관하여 연구하는 철학의 한 분야를 말한다. 정치철학은 사회 영역에 도덕철학
에서 파생된 다양한 윤리적 개념을 적용하여, 어떠한 정부와 사회를 구성해야
정의롭고 공평할 수 있는지를 연구한다. 따라서 정치철학이 다루는 주제는 사
회, 정부 그리고 다양한 기관들이 얼마나 공정한지 등을 분석하고 판단하는 것
을 포함한다.

젊고 당당한 미래보수 황시혁

3부 대구, 미래보수의 새로운 시작

반공주의는 철지난 이념인가?

(2023년 10월 19일 원자력신문 황시혁 칼럼中)

보수당에 새로움 또는 최초라는 이름으로 청년의 바람을 불러일으켰던 국가 의전 서열 8위 제1 야당의 전(前)당대표는 2023년 10월 서울 강서구에서 열린 보궐선거에서 보수 여당 패배의 이유를 민심으로 두고 공산 전체주의와 같은 허수아비를 우선시했던 선거 방법에 잘못되었다고 이야기했다. 건국 이후 6.25전쟁(한국전쟁)을 거친 대한민국에서 적국의 이념에 대한 경고를 지금 세대에 다시 언급하는 것이 어리석었다는 것인가? 자칫 귀를 의심할 정도의 의미를 지닌 이 말은 대한민국에서 청춘을 담보로 국가에 봉사한 대다수 국민은 왜 이 추운 겨울날 추위를 정면으로 맞서고 있는지에 대한 의문을 품게 했다.

대부분의 대한민국 20대 이상의 성인 남자는 자유롭게 이동하지 못하고 집단의 합숙과 계급이 있는 사회에 머물렀던 경험을 하였거나, 지금 경험을 하는 경험자들이거나 앞으로 경험해야만 하는 예비 경험자들인데 의무라는 이름으로 묶여 있는 '국방'에 우리는 무엇을 위해 그런 특수한 경험을 겪어야 하는가? 1945년 두껍고 둔탁한 엔진 소리가 진동을 만들어 하늘로 울려 퍼질 때 강렬한 한줄기 불빛이 일본의 하늘을 밝혔을 즈음 대한민국에선 전 국민의 목소리가 "대한독립 만세"를 외쳤다. 아직 대한민국은 없었지만, 그 기틀을 만들었고, 제헌 국회로 시작된 대한민국은 1950년 존폐를 가로지르는 한반도 공산주의의 침략으로 위기를 겪었지만, 비 온 뒤 땅이 굳듯 대한민국에 자유민주주의를 정착하게 했다.

그 후 30대(代) 당대표의 선출의 시간과 오늘까지 우리는 자유민주주의라는 것을 지키기 위해 최저임금도 안 되는 돈에 시간과 공간의 제약 받은 채 의무를 지니고 있는데 우리는 어느 허수아비를 위해 의무를 다하고 있었는가?

이념은 이상적인 것으로 여겨지는 생각이나 견해의 뜻으로 플라톤에선 영원불변의 실재를 데카르트에선 관념을, 칸트철학에선 경험을 초월한 선험적 이데아 또는 순수 이성의 개념을 뜻하지만, 이것이 바라는 것은 인간, 자연, 사회에 대한 현실적인 형태이다.

'나는 공산당이 싫어요.'라는 이승복의 목소리도 자유를 향한 목소리였지 않을까?

그러기에 이념이란 모든 국민이 가지는 삶의 가치와 목적이 되어야 한다. 우리가 지금 살고 있는 이유에 대해 그 가치를 지키기 위한 바탕 되는 그림이 이념이다. 자유와 미래에 대한 이념이 삶의 목표 가장 밑바닥에 깔려 있다면 우리가 희생하고 봉사해야 하는 이유도 설명된다.

한반도 공산주의에 대해 경험이 있고, 아직 휴전 국가인 대한민국은 반공주의가 자유민주주의일 수밖에 없고, 반공주의는 가장 기본적으로 가져야 할 이념이다. 반공주의가 철 지난 이념이라면 우린 청춘을 담보로 국가에 봉사하는 대다수 국민들에게 어떻게 해명할 것인가? 우리는 응당 그 질문에 답을 할 수 있어야 한다.

고향 칠곡 발전에 대한 정책적 고민

현재원 칠곡 지역구의 선거공약은 혹시 어떤 것을 준비하고

계실까요?

황시혁 먼저 북구 을 같은 경우에는 가장 큰 문제가 먹거리가

사라졌어요. 매천시장[23]이라고 하는 시장에서 농수산

물 시장이라고 많이 알고 계신 그 시장이 북구 을에서

---

23 대구광역시 북구 매천동에 있는 농수산물도매시장. 매천시장이라고도 불
린다. 비수도권에서 가장 큰 규모의 농수산물도매시장이다. 칠곡지구의 개발이
갓 시작된 1988년 개장했으며, 팔달시장이 가지고 있던 농수산물 도매 기능과
경매 기능을 가져왔다. 1996년 공산품, 가공식품 판매업소와 음식점으로 구성
된 관련 상가 2개 동이 상인들이 신축해 대구광역시에 기부채납 방식으로 개장
했다. 2022년 10월 25일 오후 8시경 청과시장 방면에서 화재 사고가 일어났다.
2023년 3월 30일 대구광역시 달성군 하빈면 대평리로 이전이 확정됐다.

이전하게 됩니다. 이전하게 되니까 매년 2조 원가량의 수입이 없어지는 거거든요. 그러면 우리 지역을 뭘 먹고 살아야 하는지 생각해야 합니다. 대구는 특히나 관광이 별로 없어요. 없을 수밖에 없죠. 왜? 바다가 없거든요. 물이 없고, 산도 약합니다. 거기다 들판이 있는 건 아니란 말이에요. 그렇다면 앞으로 우리가 나아가야 할 길은 교육을 통해 새로운 관광의 패러다임을 만들어주고, 인재 양성으로 펩리스 같은 방향의 새로운 산업 인재들을 키워 지식산업 특구로 발전될 수 있습니다. 교육산업과 관광, 그리고 다른 사람들을 유입할 수 있는 방향성만 만들어 준다면 북구 을이 대구에서 아니 전국에서 1등 되는 도시가 될 수 있을 거로 생각합니다.

이쌍규 교육과 관광을 어떻게 연결한다는 것입니까?

황시혁 관광에 관해 사람들은 꽤 간단한 것만 생각하시는데, 관광의 형태는 너무나 많습니다. 산업 현장에서는 견학이라는 형태로 이어질 수 있고요. 교육이라는 부분에서는 앞으로 우리 아이가 어떻게 성장할 수 있을지에 대한 형식의 미래 성향 분석, 그런 분석을 전문가적 형식으로 만들어 내면 전국에 있는 학부모들이 더 오지 않겠습니까? 또 딜레이 타임이 생길 것이고, 그것 자체가 하룻밤 숙박을 이어지면 그것 또한 관광의 형태로 이어집니다. 그리고 교육의 가장 필요 요건은 체험이거든요. 체험적인 요건을 만들어 내면 충분히 가능성이 크게 있죠. 콘텐츠 있는 교육을 만든다는 뜻입니다.

현재원 황 대표님께서는 어떤 정치 리더십을 추구하고 계신가요?

황시혁 저는 정치 리더십이라는 게 어떤 사람들을 이끌어간다는 것을 생각하거든요. 한글을 제일 처음 만드실 때 세종대왕님께서 그런 이야기를 했다고 하잖아요. 사람들이 좀 더 발전할 기회를 만들자. 그런 기회를 만들어 낼 수 있는 게 저에게 가장 큰 정치 리더십이라고 생각합니다.

현재원 지금까지 대구에 대해서 많은 말씀을 해주셨는데 그렇다면 대구는 어떤 도시인지, 어떤 성장 발전 전략을 마련하고 있어야 하는지도 궁금합니다.

황시혁　애초에 대구가 섬유 도시로 성공할 수 있었던 것은 서울에서 부산으로 가는 이동 공간의 사이에 있었기 때문이에요. 그런데 이제 사람들이 하루 생활권이 많이 멀어졌잖아요. 그러다 보니 예전과 같이 중간 지대의 쉼터 역할은 할 필요가 없어졌지만, 거꾸로 삶의 터전이 될 수가 있어요. 전국 어디든 대구를 거치지 않으면 안 된다는 것이죠. 사실 지금도 대구에서 서울까지의 거리가 두 시간 거리예요. 전국 도시로 발돋움할 수 있는 지리적 이점을 지녀서 성장 가능성이 무한하다는 것이죠. 그래서 대구는 계속 접근성을 줄일 수 있는

젊고 당당한 미래보수 황시혁

방법을 찾아야 합니다. 발걸음이 가볍다면 문화생활의 홈타운이 될 수 있고, 반대로 산업의 일터도 될 수 있습니다. 산과 바다를 손쉽게 갈 수 있는 대한민국 삶의 중심지가 될 수 있죠. 그로 인해 어떤 컨셉을 잡아도 손쉽게 발전할 수 있습니다. 변화무쌍한 가능성을 가진 도시는 대구밖에 없습니다.

현재원 대구는 다른 말로 보수도시라고도 많이 알려져 있죠. 보수도시 대구에서 정치 활동을 할 때 목포와는 다르게 대구에서 가장 어려웠던 점이 있다면 어떤 것이 있을까요?

황시혁 대구라는 지역은 정치의 또 다른 하나의 집단이라고 생각합니다. 국회가 두 개 있다고 보면 되죠. 대구에서 정치하는 사람들은 그렇게 생각을 할 수 있습니다. 너무나 많은 사람이 정치에 관심이 있고, 그 안에서 굵직굵직한 정치인들이 교류와 견제를 하면서 성장을 하는 지역이라서 대구 정치인들은 서울의 눈치를 봐야 하고, 대구도 눈치를 봐야 하는 그런 지역입니다. 그 점이 가장 힘들어요. 카르텔이라고 이야기할 수 있는 기득권 집단 안에 들어가야 우리의 목소리를 낼 수 있단 말이죠. 하물며 많은 언론과 기자들도 어느 측면에 더 이슈가 있을 건지를 생각해서 선택하게 되는데 정치 초보들, 정치 신인들은 그 사람들의 선택받는 것조차도 어려워요. 이제 대구도 그런 카르텔에 대해 내려놓음이 있어야 조금 더 정치적으로 발전할 수 있는 지역이 되지 않을까 생각합니다. 카르텔를 깨야 한다는 거죠.

이쌍규 정치 세력의 기득권이 고착화 되었다는 뜻입니까?

황시혁 맞습니다. 많은 정치인이 있지만 굵직하신 분들이 있죠. 그런 분들이 가지고 있는 정치 성향이 다르고 맞고가 중요한 게 아니에요. 그분들 밑에서 성장하는가 아닌가가 중요하고 흔히 이야기하는 뒷배가 없는 사람은 견제를 많이 받습니다. 그 정치적 견제를 뚫고 지나가야 하는 게 너무나 어려운 도전인 거죠.

이쌍규 대구 정치인은 사람을 안 키운다는 이야기에 대해서는 어떻게 생각합니까? 젊은 정치인들은 정치 동원의 세력으로만 치부할 뿐, 정치 주체라고 생각을 안 한다는 견해에 대해서는 어떻게 생각하십니까?

황시혁 저는 정치인들이 미래 세대를 성장시킨다, 미래 정치인들을 육성시킨다는 것은 어불성설이라고 보고 있습니다. 정치인들은 서로 신인이든 기성이든 서로의 필요에 의해서 만들어지고 필요에 의해서 사용되는 거라고 저는 생각을 하거든요. 대구는 이게 더 심해진 과정일 뿐이라고 생각합니다. 그러다 보니 신인 정치인들은 기득권 정치인들에게 줄 서려고 많이 노력하죠. 그러면서 저는 소위 갈려 나간다는 표현을 많이 쓰는데, 아무것도 하지도 못하고 동원만 되다가 갑자기 새로운 사람을 영입해서 옵니다. 뭔가 실력이 있어 보이거나 대외적으로 이슈를 끌 수 있을 만한 사람들로요. 그런 형태가 대구는 너무나 많다는 거죠. 그러므로 충성을 다하고 뭐 한다고 하지만, 그들에게 미래는 본인 스스로 만들어야 한다는 걸 저는 알려주고 싶고, 그런 기득권 정치인들이 이제는 내려놓음도 필요하다고 생각합니다.

현재원 국회의원 선거에 있어서 이번이 두 번째 도전이신데요. 그렇다면 처음에 도전할 때와 가장 크게 달라진 점은 무엇이 있을까요?

황시혁   이제 저는 경험이 있습니다. 경험이 있어서 맨파워가 생깁니다. 사람들이 저에게 대한 기대감이 좀 있더라고요. 얘는 뭘 할 것이다. 이 맨파워에 저는 부응할 수 있게 더 노력해야 하고 더 많은 영향력을 가질 수 있게 힘쓰고 있습니다.

이쌍규   대구 고향에 오니까 정치적 멘토가 생겼다는 거예요?

황시혁   멘토도 있고요. 그다음에 지지층 자체가 다 이제 저희 당이잖아요. 그러니까 파급력 자체가 차이가 있는 것 같아요.

이쌍규   목포에서는 정치적 설움을 당하다가 고향에 돌아오니까, 상대적으로 23명보다는 더 많다는 뜻인가요?

황시혁   지금 저희 정치 캠퍼스만 해도 500명입니다. 45세 미만의 젊은 정치 지망생들이 벌써 300명이 있거든요.

그 숫자만 해도 우리가 가지는 힘이 다르다고 생각합니다.

현재원 이전보다는 한결 든든해지셨겠습니다. 그렇다면 좋은 결과를 기대해 볼 수도 있겠는데요. 만약에 국회의원으로 당선이 된다면, 가장 중점적으로 추진해보고 싶으신 일이 있으실까요?

황시혁 국회의원이 된다면 저의 1번 과제인 관광산업의 뿌리부터 바꾸고 싶어요. 21대 총선에서 목포 출마할 때도 그 목표를 냈거든요. 거기에도 썼던 게 뭐냐면 '관광업법 전부 개정안'입니다. 많은 국회의원이 비웃었어요. '이거 전부 어떻게 바꾸냐?' 저는 전부 바꾼다고 생각하고 관광의 패러다임을 바꿔놔야지 문화적인 수익을 더 많이 창출할 수 있다고 믿습니다. 그래야 대한민국 관광산업이 달라질 수 있습니다.

이쌍규 추상적인데 구체적으로 이야기하신다면?

황시혁 쉽게 말해서 관광업법은 세금 문제부터 차이가 있거든
요. 관광은 부가세가 따로 붙지 않습니다. 관광 대행업
여행사들은 대행업이잖아요. 사람들에게 대신 수탁금
을 받아서 대신 지급하는 요건이라 부가세 자체가 일
반적으로 세금 정리하는 거랑 매우 달라요. 세금 문제
부터 해결할 겁니다.

이쌍규 어떻게 바뀌어야 한다는 거죠?

황시혁 저희는 총액법이라 합니다. 부가세를 그 상품 안에 집

젊고 당당한 미래보수 황시혁

어넣어야 하죠. 일반 기성 제품처럼 만들어 내야 하는 것이고, 기성 제품을 만들어 냈을 때 판매되는 수익이 합리적으로 세금으로 들어갈 수 있게 만들어줘야 한다는 거죠.

이쌍규 그러면 기존의 관광업 하시는 분들한테 반발이 있을 수도 있잖아요. 굳이 세금을 안 냈는데 왜 세금을 내야 하냐라고 이야기를 할 수 있잖아요.

황시혁 관광도 이제 세금적으로 깨끗해질 필요가 있어요. 당당해져야 합니다. 그리고 지금까지 세금을 안 낸 게 아니라 신고하는 방법도 모르는 사람이 많을 겁니다. 부가세가 포함되면 오히려 매출은 더 늘어나며 자금의 순환율은 더 올라갑니다. 나중에 내는 세금은 많아지겠지만 당당한 세금 업무이며 산업 크기의 파이를 책정할 수 있어야 합니다. 게다가 지금이 기회입니다. 코로나가 끝나고 관광산업이 10% 정도밖에 남지 않았거든요. 옛날과 현재 예약률을 봐도 한 30% 정도밖에 올라오지 않았어요. 그것이 항공이든 숙박이든 밥을 먹는 것이든 운송 그다음에 여행객들까지도 다 그렇습니다. 그러므로 지금 이 기회에 바꿔야 합니다.

이쌍규   세금을 내야 한다는 거예요?

황시혁   세금을 내야죠. 책정이 안 되고 있습니다. 관광업 내에서도 여행알선업은 세금을 내는 비중이 아주 작아요. 그러다 보니까는 정부에서 여행이나 관광 쪽에 투자하거나 유치하는 부분이 떨어지는 거죠. **이쌍규** 세금을 안 내니까 국가에서도 관광여행 산업에 대한 책임이 없다는 뜻인가?

황시혁   산업의 중요도가 떨어집니다. 중요 산업에 대한 중요도가 떨어지고, 여행 산업이라는 것은 관광과 여행 산업이 다 똑같습니다. 전부 다 유치하려고 하잖아요. 나가서 쓴다는 걸 생각하지 않아요. 그런데 나가서 쓰기 때문에 소비 산업이라고 이야기해요. 우리나라에서는 소비를 자극하지 못한단 말이죠. 시즌마다 뉴스에서 나오는 게 관광업에서 해외에서 얼마를 썼다, 얼마가 몇 명이 나갔다, 그러면서 서로서로 갈라치기 형식이 되거든요. 그러지 말고 여행이라는 것은 우리는 밖에 나가서 새로운 것을 보고 그 문화를 가지고 오는 것입니다. 들어오기 때문에 대한민국의 발전이 늘어나는 것이니까, 그거를 똑바로 현실로 만들어줘야 한다는 거죠.

3부 대구, 미래보수의 새로운 시작

기술의 흐름에 따라 정치도 변해간다

(2023년09월15일 원자력신문 황시혁 칼럼中)

코리아 넘버원, K 콘텐츠, K 패션, K-POP 등 지금 대한민국은 "K"에 열을 올리고 대외적 홍보에 앞장서며 형태를 규정짓고 통칭과 구분으로 더 나음과 특별함을 강조하고 있다. 필자의 시각에서는 대외적으론 하나의 대한민국 하나의 통합된 문화와 이미지를 만들어가고 내부적으론 "K"의 자부심을 만들어가는 과정으로 보인다. 또한, 그동안의 결과일까? K-POP을 선두로 세계적으로도 문화의 반열에는 꽤 인정받고 있으며, 관광과 문화 소비 촉진에도 윤활유 역할을 하고 있다.

문화적 세계화 그 기본의 틀에는 미디어의 발전으로 인한 문화 소비 방법의 다양성과 변화를 꼽을 수 있다. X세대부터 ZALPPHA(잘파) 세대까지 변화의 흐름을 보면 삐삐에서 스마트폰까지의 거리이며, 컬러 티브이의 서태지와 아이들에서 스마트 TV의 IVE까지 이어지고 그로 인해 카세트테이프가 유튜브로, 공연장에서 인터넷 스트리밍 시청으로, 외부적 모임이 인터넷의 커뮤니티 활동이나 SNS 활동으로 많이 변화되었다.

그 덕분인지 정치 참여의 방향성도 다양해졌으며, 정치인들의 활동도 많은 변화를 가져왔다. 시민들 앞에 서서 위에서 아래로 내리는 일방향성을 탈피해 온라인으로 소통하고, 정치인의 영상 자료를 공유하며, 홍보한다. 목소리와 사진만 보고 정치인을 결정하는 것이 아니라 영상과 움직임 그리고 현실적인 장면을 바라보면서 결정하는 측면이 늘어났고, 깜깜이 정보에 그저 학벌과 인맥으로 지지하던 방법이 더욱 다양한 활동의 정보를 습득하여 고려되는 방향으로 바뀌었다.

이런 정치 소비의 변화는 그동안 탄탄했던 정치의 지형적 구도에 균열을 가게 만들기 충분했고, 실제로 21대 국회의원 선거에서는 전남 목포에 연고 하나 없는 대구 출신의 신인 정치인이 출마해 20대 대선에서 두 자릿수 이상의 득표율을 올리는 데 성공하였다.

정치의 구조가 바뀌는만큼 이제는 시위의 방법과 보여주기 그리고 노출의 방법도 바뀌어야 한다. 'Demonstration'이 공개적이고 집합적인 의사 표현행위는 정부나 권력자에게 사익이나 공익을 추구하기위한 방법으로 데모 집단의 모습을 대중들에게 보여 주고 여론에 알리기 위해 했었지만 어디까지나 그 시대의 정보의 양이나 대중에게 알릴 방법이 없기에 선택된 차선의 방식이었다는 것을 잊으면 안 된다.

586시대 민주화와 사회 그리고 시민운동으로 점쳐졌던 정치 권력의 구조는 IT 기술의 발전으로 퇴색되어 버렸다. 대한민국의 정치란 무엇인가? 대중의 소리를 듣고 대중의 불편함을 바꿔 주고, 그 명분을 바탕으로 대신 활동하는 대의민주주의이다. 지금은 대중의 소리를 가장 많이 가장 빨리 모으며 반응하는 시대가 되었다.

대중이 바뀌는만큼 정치는 변화되어야 한다. 변화를 거부한다면 그저 퇴색되어 도태될 뿐이다. 586시대가 이루어 놓은 영광스러운 결과에 감사를 표하며, 이제 새로운 세대가 만들 새로운 시대를 기대해 본다.

미래 보수주의자의
지독한 대구사랑

현재원 현재 지역구 국회의원들의 정치활동을 어떻게 평가하
시는지 궁금합니다.

황시혁 저희 지역구는 한 분의 국회의원님이 계시는데, 조금
안일하지 않으신가, 라고 생각합니다. 대구라는 지역
의 특성상 뭐랄까 공천만 받으면 당선된다는 생각이
많아서 지역 활동보다는 서울 활동에 집중이 많이 하
고 계시거든요. 지역민들이 뭐가 필요한지 어떤 형식
으로 바꿔줘야 할지 조금 더 생각해야 합니다. 지역민
들과 소통하고 이야기하고, 그들의 감성을 함께 아울
러 만져줘야 하는데 그 지역민들이 정작 지역구 국회

의원은 뭐 하는 것이냐고 이야길 하고 의문을 가진다는 말이죠. 그 점이 우리 정치에서부터 사람들이 멀어지는 이유라고 저는 생각을 합니다.

현재원 대구 지역의 가장 큰 문제점을 폐쇄성(?)이라고 이야기하는데요, 여기에 대해선 어떻게 평가하실까요?

황시혁 폐쇄성은 아까 말씀드린 기득권들이 막고 있다고 생각을 합니다. 그런데 본인 스스로가 막고 있는 것이 아니고요, 그 주변 사람들이 막고 있는 겁니다. 왜 당사자는 폐쇄성이 있든 없든 제일 상위에 있거든요. 그 밑에 사람들이 서로의 먹이사슬의 갇혀 있는 거라서 그 먹이사슬을 먼저 깨트려야 폐쇄성이라는 말이 사라지지 않을까 생각합니다.

현재원 대구하면 홍준표 시장님을 빼놓을 수가 없는데, 홍준표 대구시장의 리더십에 대해 어떻게 평가하십니까?

황시혁 재미있고 위트는 있지만, 꼰대 리더십이죠.

젊고 당당한 미래보수 황시혁

이쌍규 발언 잘하셔야 해요.(추가 사진 3번)

황시혁 홍준표 시장님 같은 경우에는 서울에서도 몇 선을 하셨고, 그다음에 경남지사를 하셨는데 잘 생각해 보셔야 합니다. 동대문을이라는 지역이 홍준표 시장님이 오시기 전에는 우리 당에서 가장 유리한 지역이었어요. 그러니까 홍 시장님이 하시고 내려놓았을 때, 민병두 의원이 왔는데 그때부터 우리가 집권하지 못하는 지역이란 말입니다. 그러면 이 문제를 해결 해줘야 해요. 그런데 경남지사로 바로 가셨잖아요. 경남지사 가셨다가 또다시 대구시장으로 오시면서 권력에 빠지셨다고 생각합니다. 시정에 홍 시장님 혼자만의 생각이 너무 많이 반영되어 있다고 생각하지 않으신지 저는 묻고 싶습니다. 마치 봉권 영주의 모습을 하고 계신 거예요.

이쌍규 지금 중앙정치에 개입하시다가 고문 또 위촉이 해제됐잖아요. 지금 홍준표 시장이 SNS로 소통하고 있는 것에 대해서는 어떻게 평가하십니까?

황시혁　소통이란 앞서 이야기한 것처럼 서로에 대한 이해인데, 이해하시는지는 모르겠어요. 일방적으로 이야기하는 통보가 아닌가 싶은데요. '청문홍답'이라는 것을 만들어 놓은 건 좋은데 반짝이다가 요즘 들어 좀 시들해지고, 현재 페이스북 같은 경우에도 친구 추가를 해도 안 받아주니 댓글을 못 답니다.

이쌍규　댓글 못 단다고요?

황시혁　보기만 하잖아요. 좋아요만 누르고. 그러면 일방적인 거 아닌가. 제가 제일 바라는 것은 홍 시장님이 여기 딱 앉으셔서 문자를 받는 거죠. 누가 보내는 건지도 모르는 문자를. 그것이 일반적인 소통이 아닌가 생각합니다.

이쌍규　홍준표 대구시장을 직접 만나본 적은 있어요?

황시혁　애초에 그분은 저 같은 신인 정치인들을 잘 안 만나주시죠. 잘 안 만나주시니 새로운 생각을 전달할 기회도 적습니다. 대구에서 제일 만나기 힘든 사람이 국회의원입니다. 홍 시장님도 만나기 힘듭니다. 다른 지역에 있는 국회의원님들께서 말씀하시는 게 왜? 라는 질문들을 많이 하시거든요. 그 점이 대구가 가지고 있는 기득권의 문제가 아닌가 생각합니다.

이쌍규 본인은 지금 SNS 활동은 어떻게 하고 있어요? 페이스북으로 주로 소통하십니까?

황시혁 저는 페이스북을 하고 있습니다. 사람들이 저의 이야기를 잘 안 해서 그렇지, 전 항상 이야기하고 있습니다.

현재원 예전보다 정치에 관심을 가지는 청년분들이 매우 많아진 것 같은데요. 전국에 있는 나와 같은 청년 정치인에게 한마디 격려의 목소리를 낸다면 어떻게 하실까요?

황시혁 제가 감히 격려라는 걸 할 수 있을지 모르겠지만, 우리에게는 항상 꿈이 있습니다. 어떻게 바꿔 나가야 할지 목표와 목적이 있습니다. 조금 기죽으면 어떻고, 조금 틀리면 어떻습니까? 우리는 믿고 나갈 수 있으니 부족하나마 제가 항상 도울 수 있도록 노력하겠습니다.

이쌍규 본인 앞가림 중요하지 않을까요? (웃음)

황시혁 정치의 가장 큰 목적은 권력을 잡는 거고, 우리의 목적은 국회의원 배지를 다는 거라 얘기하는데 어디에 큰 가치를 둘 수 있을지가 더 중요하다고 생각합니다.

윤석열 대통령과의
정치적 만남

이쌍규 윤석열 대통령을 만난 적은 있습니까?

황시혁 네. 대선 때 대통령께서 광주에 오셨습니다.

이쌍규 그때 처음 만난 거예요? 첫인상은 어땠어요?

황시혁 네, 그때 처음 만났어요. 윤석열 대통령님이 화면으로만 봐서 그렇지만 실질적으로 보면 몽구스[24] 같은 스

---

24 몽구스(mongoose)는 몽구스과(Herpestidae)에 속하는 포유류의 총칭, 또는 줄무늬몽구스(Mungos mungo) 한 종만을 부르는 말이다. 미어캣(Suricata suricatta)도 몽구스과에 속한다. 몽구스과 동물들을 사향 고양이과에 분류하기

타일이에요. 귀여워요. 옛날에 도리도리 이야기가 많았잖아요. 항상 주변을 감시하시면서 살펴보시는 겁니다. 감시가 아니고, 살펴보면서 누가 어떤 이야기를 하나 계속 보시거든요. 그런 형태의 분이셨고 정말 말이 따뜻합니다. 멘트가 일반 정치인들과는 많이 다른 점을 느끼시게 될 겁니다.

이쌍규 구체적으로 어떤 멘트를 하신 거예요?

황시혁 저 같은 경우에는 특별한 경험이 많은데, 목포라는 지역에 제가 당협위원장을 하고 있었지만, 당협위원장의

도 하지만 보통 따로 분류한다.

권한이 별로 없어요. 원외다 보니까. 게다가 저는 다른 지역에서 온 사람이잖아요. 영남에서 온 사람이다 보니 시도당에서도 힘을 잘 실어주지 않습니다. 그 힘을 윤석열 대통령님이 직접 실어주셨죠. 목포에서 대통령 선거유세를 할 때 제가 그 지역의 주인임에도 불구하고, 저에게는 힘이 없으니까 제 차례가 없었어요. 명단에 제 이름이 없었어요. 하태경 의원 오시고 다른 지역의 국회의원들이 막 오시니까 그 당시에 윤석열 당시 후보자가 오셨으니까 잘 보이려고 그랬겠죠. 거기에 제 차례가 없음에도 불구하고, 대통령님이 싹 다 무시하고 '황시혁(당시 황규원) 당협위원장을 소개합니다'라면서 예정이 없이 무대에 올려버린 거예요. 게다가 저는 무대 근처에도 있지 않았고 대통령님 오셨다고 SNS를 해야 하니까 사진을 찍고 있었는데, 갑자기 오셔서 그런 일을 하니까 저는 아무런 생각도 없이 연단에 올라갔어요. 그 황금 같은 기회에 당황도 하고 긴장도 하고, 게다가 그 목포역 앞에 수천 명의 사람이 서 있는 것을 보니 진짜 눈물이 났습니다. 이게 내 작품이구나, 라는 것을 느꼈죠. 그러다 보니 그냥 울먹거리다가 내려왔습니다.

이쌍규 그때 한 발언 내용을 기억하고 있어요?

황시혁 너무나 짧았기에 저는 명확히 기억합니다. '목포에 와서 이제 우리 동지들이 생겼습니다'. 라면서 윤석열을 외쳐 달라고 했어요. 선창은 제가 하고 저는 '승리하라'~. '대통령은~' '정권교체~' 이것만 했는데 진짜 저는 그 세 개밖에 할 수가 없었어요. 너무 목에 받히는 울먹거림이었고, 너무 감동했거든요. 많은 목포시 시민들이 계셨는데, 윤석열 대통령님의 목소리를 많이 듣고 싶어 하잖아요. 저는 주인공이 있으니 살짝 빠져주겠다 했지만, 그때 그 좋은 기회를 못 살린 게 또 후회되네요.

이쌍규 당시로는 굉장히 파격적이네요.

황시혁 기존에 없는 정치적 상황이었죠. 연단에서 조금 힘들었습니다.

이쌍규 지금 윤석열 대통령의 리더십을 어떻게 평가해요?

젊고 당당한 미래보수 황시혁

황시혁   형님 리더십이라고 생각합니다. 집에 있는 큰형님. '뭐, 우리 큰길로 가자' 큰 안건만 던져주면 밑에서 그걸 정리해야 합니다. 어떻게 갈지, 뭐 타고 갈지, 어떻게 움직일 것인지, 동선도 짜고. 그것을 바라보면서 그것보다는 이렇게 이렇게 하는 게 조금 더 안전하지 않을까, 그러면서 가이드라인을 톡톡 던져주시거든요. 신뢰 하고 책임지는 '큰 형님 리더십'이라고 생각합니다.

이쌍규   또 한편으로는 다른 평가를 하면 '꼰대 리더십'이라고 이야기를 할 수 있잖아요.

황시혁   답변을 못 해서 그래요. 만약에 큰 형님이 큰길로 갈 때, 우리가 왼쪽으로 가자고 이야기하려 해도 아무도 그 이야기를 못 한다는 거죠. 제가 알고 있는 윤석열 대통령은 그렇지 않거든요. 왼쪽으로 가면 지금 여기 슈퍼가 있으니까, 시간을 좀 뺏길 수가 있다. 직진으로 해서 갑시다. 그렇게라도 선뜻 이야기해서 그 사안을 반영시키면 되는데, 그것을 미리 겁내고 있다고 저는 생각합니다. 윤석열 대통령 주변 사람들이 정치인이 많다 보니...

이쌍규 윤석열 대통령의 리더십은 좋은데, 그 밑에 있는 측근에 있는 참모들이 그 리더십을 받쳐주지 못하고 있다. 이런 뜻이에요?

황시혁 저는 그렇게 생각하고 있습니다.

이쌍규 황 대표님에게 윤석열 대통령은 어떤 의미입니까?

황시혁 저에게는 실질적으로 용기를 넣어주신 분입니다. 너무 늦게 저와 만나서 용기를 주셨다고 생각하는 게, 아까 말씀드린 "

황시혁 당협위원장을 소개합니다." 그 말 한마디로 저는 그분에게 엄청난 용기를 얻었거든요. 그 누구도 잊지 못했던 손을 잡아서 당겨주신 분이에요. 그런 분에게 저는 많은 도움을 주고 싶다고 생각하고 있습니다. 제 능력되는 한 최대한 이 한 몸 바쳐서 뒷받침해야죠. 지금 윤석열 대통령님이 처음에 그 말을 딱 해주셨을 때 정말 어안이 벙벙했거든요. 다음에 또 이런 기회가 있을 수 있을까요? 그래도 저는 목포에서 지지율 10%를 만들어 냈습니다. 진짜 열심히 했습니다.

이쌍규 사나이는 자기를 알아주는 존재에 대해서 목숨을 바칠 수 있다. 그런 뜻인가요?

황시혁 그럼요. 사람이 가진 의지 목적, 목표가 삶의 이유인데 그걸 알아준다는 거잖아요. 그것만큼 행복한 것이 어디에 있겠습니까?

이쌍규 윤석열 정부에 관해 국민이 가진 가장 큰 오해는 뭐라고 생각해요?

황시혁 우리 윤석열 대통령이 어떤 안건 중에서 이야기한다.

이번에 뭐 사학연금을 바꾸자고 이야기했으면 우리는 방법론들을 만들어줘야 한단 말이에요. 그 방법론들이 무조건 윤석열 대통령이 원하는 방향으로 간다고 뉴스에 많이 나오는데, 아마 그렇지 않을 겁니다. 사람들이 이야기를 못하니까, 그 이야기를 했을 때 리스크를 본인이 감당을 못하니까, 두려워하고 무서워하는 그런 느낌들이 있어요. 정치인이다 보니까 가질 수 있는 직업병 같은 느낌입니다. 윤석열 대통령님이 안건을 냈을 때 충분한 대답을 할 수 있는 실력자들이 옆에 있다면, 그런 일은 없다고 생각합니다.

이쌍규 윤석열 대통령의 '큰 형님 리더십'을 받쳐줄 세력들이 무능하다는 뜻인가요?

황시혁 그렇게 되는 건가요? 그렇다면 저는 무능하다고 봅니다. 용산에서 나오는 말도 제가 봤을 때 조금 부족하고, 외부에서 봤을 때 불안하다고 느낄 정도니까요. 용산에 올라오는 사진이나 홍보 미디어를 이용하는 방법도 정말 많이 부족하다고 생각합니다. 대통령을 세상에 알리는 홍보팀에서부터 문제가 있는데 다른 건 안 봐도 알죠.

사용하는 언어도 그렇습니다. 예를 들어 옛날에 황 박사의 줄기세포라는 것이 나왔습니다. 사람들도 그걸 잘 몰랐어요. 그런데 자꾸 뉴스와 언론에서 풀어주고, 풀어주니까 이해했는데 정치는 누가 풀어주지 않지 않습니까? 정치를 꼭꼭 씹어서 풀어주는 사람들이 정치인들이고 홍보팀인데 그걸 못하니까 사람들이 조금 더 어렵게 느끼는 것입니다.

이쌍규 한마디의 키워드로 정리하자면 지금의 보수가 무능하다는 뜻이네요. 그러면 윤석열 정부가 문재인 정부하고 가장 다른 점은 뭐라고 생각합니까?

황시혁 문재인 정부 때는 주변의 참모들이 꽤 뛰어났어요. 어찌 보면 문재인 대통령의 모습보다 그 주변의 사람들이 활동하는 모습들이 더 많이 보였거든요. 손혜원 의원 같은 경우에는 아주 그래픽적인 시각적인 효과를 잘 내는 사람이란 말이에요. 그런데 우리 쪽에는 그런 시각적인 효과를 내는 사람이 없는 거 같아요. 그리고 문재인 대통령 때 청와대에서 홍보수석을 하신 분들 있죠. 행사를 잘하시잖아요. 그런 것이 굉장히 부러웠어요. 정권을 받쳐줄 수 있는 맨파워가 있었습니다. 그런데 윤석열 정권에서는 윤석열 대통령만 뉴스에 나오고, 그 주변 사람들은 아무도 안 나오잖아요. 그러니까 대통령이 자꾸 스타 장관이 되라고 이야기하시는 것이 다 그런 데서 나오는 게 아닌가 싶습니다.

이쌍규 최근에 당의 로고 바뀌었죠. 그 로고에 대해서는 어떻게 평가를 내리십니까?

황시혁 로고에 대해 홍보는 했습니까? 저는 우리 정당에 묻고 싶습니다. 갑작스러운 백드롭에 로고를 바꿔놓으면 우리가 스스로 알아야 한단 말이거든요. 그 점을 사람들이 이해 못 한다고 생각합니다. 로고 바뀐 줄도 모르는 사람이 아마 태반일 거고, 국회의원 출마하시는 분들조차도 모르는 사람이 많을 겁니다. 게다가 로고 디자인조차 80년대에 유행했던 한글 앞자리를 따서 만든 색깔만 살짝 바꾼 디자인이거든요. 제가 그 디자인하시는 분의 의도를 잘 몰라서 이렇게 이야기할 수도 있지만, 제가 영상미디어를 좀 하지 않습니까? 안 좋습니다. 바꿔야 합니다.

이쌍규 만약에 황 대표님이 지금 용산에 있는 홍보 쪽의 참모였으면 딱 한 가지 조언을 하면, 이것은 좀 고쳐야 하지 않을까, 하는 건 없어요?

황시혁 제발 비 올 때 행사하면, 비옷 좀 입지 맙시다. (웃음)

이쌍규 현충일에 현충사 갔을 때 비옷 입고 그렇게 했잖아요.

황시혁 유명한 멘트가 있지 않습니까? '나는 설탕이 아니다. 이런 비에 녹지 않는다' 푸틴이 한 이야기인데 푸틴을 크게 좋아하지는 않지만, 윤석열 대통령님이 보여줄 수 있는 시각적인 효과가 엄청나게 많습니다. 그런 것을 이용해서 살릴 수 있는데 왜 현재의 안일함에 빠져 있는지, 사진 한 장이 우리가 할 수 있는 백 마디 말보다 더 나을 수가 있거든요. 홍보는 그렇게 만들어가는 것이 아닌가 생각됩니다.

때와 장소가 있을 때 홍보 책임자 혹은 의전 책임자는 그 누구의 명령도 필요 없습니다. 대통령 본인이더라도 각자의 맡은 책임만 다하면 되는 것이지요.

젊고 당당한 미래보수 황시혁

22대 총선, 미래보수의
정치세력화 구축시도

이쌍규 22대 총선이 내년이잖아요. 그렇죠? 지금 생각할 때 국민의힘이 다수당이 될 수 있다고 생각을 하십니까?

황시혁 다수당이 된다고 저는 생각을 하고 있습니다.

이쌍규 그 근거는 뭡니까?

황시혁 최근 강서구청장 선거에서 40% 정도의 보수가 득표율을 얻었는데 이게 어느 정도 용산의 후보자라 해도 꽤 나온 겁니다. 이게 원래 보수는 개인기가 뛰어난 사람들이라서 조직선거를 안 하는데 이번엔 보수가 처음으로 조직선거를 했습니다. 그리고 결과가 40%가 나왔죠. 그 이야기는 다음 22대 총선에서도 당을 중심으로 한 끈끈한 조직선거가 가능하다고 저는 보이기 때문에 다수당이 될 수 있지 않을까 생각합니다.

이쌍규 비록 강서구청장 선거는 패배했지만, 조직선거를 할 수 있는 계기를 만들었다. 이렇게 생각을 하는 거죠?

황시혁 지금 우리 정당은 전라도에서 두 자릿수가 안 나옵니다. 대구·경북에서 민주당 득표율이 25%가 나옵니다. 그 이유가 저는 조직선거라고 이야기하거든요. 정치는 혼자서 할 수 없고 조직이 함께 만들어줘야 하는데, 이런 조직의 탄탄한 기틀을 만들었다고 생각합니다. 다음 총선에서 호남에도 조직선거를 할 수 있는 뿌리만 만들어진다면 전부 10% 넘을 수 있을 겁니다. 호남의 조직선거는 선거구끼리의 연합이거든요. 광역선거처럼 뛰어야 하는 건데 아마 가능할 수도 있을 겁니다.

이쌍규 다수당이 되기 위해서는 지금 국민의힘은 어떻게 변화해야 한다고 생각합니까?

황시혁 정치는 개혁改革되지 않습니다. 정치는 혁신革新될 뿐이지. 특히나 보수당은 하나씩 고쳐 나가는 것이지 한꺼번에 바뀌지 않거든요. 사람들 성향이 그렇고 원래의 인간이란 모두 다 보수이기 때문에 한 번에 다 바뀔 수가 없어요. 그러므로 국민의힘에서 할 수 있는 혁신이라는 것은 서울 경기에 도움이 될 만한 바람을 지역에서부터 만드는 것입니다.

멀리는 부산에서부터 공천을 시작해서 혁신을 보여주어야 합니다. 그다음에 대구 경북에서 '이런 혁신이 있습니다'라고 전국적인 사람한테 홍보하면서 보여주어야 합니다. 그다음에 충청도 경기도로 올라오면서 혁신의 바람을 수도권으로 끌어올 수 있다면 저는 국민의힘은 성공할 수 있다고 생각합니다.

이쌍규 그러면 실제로 지금 3선 의원에 있는 기득권 자체를 해체해야 한다는 뜻일 수도 있죠.(추가 사진 4번)

황시혁 저는 3선 의원이 모두 기득권세력이라고 생각하지 않습니다. 세대 변화가 아니고 시대가 교체되어 가고 있습니다. 현재 유권자들은 모두 다 모바일 시대, 인터넷

시대를 거치면서 우리랑은 정말 다른 정보의 세대에 있단 말이에요. 그들에게 옛날 방식을 추구한다는 것 자체가 어렵다는 거죠. 그런데 젊음이라는 것이 나이에 국한되지 않습니다. 얼마나 귀를 열고 있고 얼마나 배울 생각이 있느냐이기 때문에 3선이라서 무조건 내려놔야 한다는 것은 아니고, 3선 동안 무엇을 했느냐가 중요하다고 저는 생각합니다.

이쌍규　그럼 대구 지역의 3선 의원은 어떻게 평가하시는지?

황시혁　대구에서 저는 유일하게 한 분 정도는 계속 갔으면 좋겠습니다.

이쌍규　누구예요?

황시혁　서구의 김상훈 의원님. 그분을 봤을 때 많이 놀란 건 대구에서 출퇴근하시더라고요. 매일 출퇴근하시지는 않겠지만, 일주일에 많은 양을 지역에 들어오셔서 집에서 주무시고 아침에 서울에 가시는데, 저는 그걸 보면서 기본이 되어 있다는 것을 느꼈습니다. 김상훈 의원님이 서구에서 하시는 활동을 '김상훈 성'이라고 얘기합니다. 그만큼 지역 활동이 탄탄하게 무언가를 만들어 내고 있다는 거죠. 그것이 굳이 지지자들의 생각만은 아니라고 생각합니다.

이쌍규　김상훈 의원하고 개인적인 인연이 있어요?

황시혁　한 번도 본 적이 없습니다. 지도부를 제외하고 3선이라고 제안하여 평가한다면 지역 국회의원 중에서 엑셀런트 한 사람은 그분뿐이라고 생각합니다.

이쌍규　1년 반 동안 윤석열 대통령이 국정 운영을 했잖아요. 그런데 아쉽게도 아직 국민한테 전폭적인 지지를 못

받고 있잖아요. 지지를 못 받고는 이유가 뭐라고 생각합니까?

황시혁 이제 행정부의 수장이 되셨지만, 대통령님은 정치를 해야 한다고 생각합니다. 지금 많은 사람이 이야기하는 것은 자꾸 검사 윤석열이에요. 검사의 틀을 벗어나지 못했다는 이야기를 많이 하는데, 정치라는 것이 정답이 없지 않습니까? 사람들과 이야기하고 소통하고 설득하는 과정과 협의를 해야 하는데, 대통령님은 너무나 딱 부러집니다. 주변에 검찰 출신이 많아서일 수도 있습니다.

실질적으로 대구·경북과 전국을 비교했을 때 윤석열 대통령님의 지지율이 제일 높습니다. 제일 높지만, 옛날 대통령들과 비교했을 때 너무 낮아요. 현재의 모습이 칼같이 딱딱한 모양이라서 그렇지 않을까 생각합니다. 최소한 이명박 대통령 정도의 지지율이 대구·경북에서는 나와야 하거든요. 이게 못 나오는 이유는 그런 검사의 모습, 원래 헌법주의자시니까 좀 딱딱한 게 특징이겠지만 이젠 정치의 영역으로 조금은 들어와 주셔야 하지 않을까, 저의 짧은 생각으로 말씀드립니다.

이쌍규 정치적 소통을 적극적으로 해야 한다는 뜻이지요? 국민의힘이 지금 강서구 구청장 때문에 여러 가지 변화도 있을 수도 있고 변화가 없을 수도 있는데, 지금 국민의힘이 가지고 있는 정치적 리더십이 이건 좀 변해야 한다는 게 있습니까?

황시혁 너무 주변만 보지 말자.

이쌍규 무슨 뜻이죠?

황시혁 사람들이 이야기할 때 국민의힘에서 계속 서울에만 정치하는 분들만 계속 더 좋은 자리 갑니다. 저는 그 점이 잘못됐다고 생각합니다. 일례로 들면 천하람 위원장을 들 수 있는데 호남에서 천하람 위원장이 했던 일과 중앙에서 했던 일을 보면 실질적으로 지역에서 정말 열심히 하신 분들이 중앙에 아무런 자리를 못 가요. 그런 분들이 정말 많아요. 그런데 이게 전부 다 천하람 위원장이 집중되어 있어요. 중앙당 직위를 열몇 가지를 했습니다.

이쌍규 집중됐다는 게 무슨 뜻이죠?

황시혁 모든 직함을 천하람 위원장이 다 가지고 있어요. 법률 자문단부터 시작해서 그다음에 뭐랄까, 약자와의 동행 등등 이런 모든 위치에 천하람 위원장 이름이 다 있거든요. 하물며 혁신위도 했어요. 그런데 호남에도 국민의힘을 열렬히 지지하고 열렬히 행동하시는 분들이 많아요. 그런 분들에게 기회를 줘야 하는데 중앙에서 봤을 때는 보이지 않는다는 거죠. 그러다 보니 나오는 목소리가 크게 변화가 없어요. 실제로 혁신이라는 것은, 전혀 하지 않았던 것을 해야 하는 것인데, 매번 같은 사람이니 변화가 있겠어요? 여러 사람에게 기회를 당내에서 만들어 주었으면 좋겠습니다.

이쌍규 본인이 지금 국민의힘 정치 활동을 하고 있잖아요. 이것을 키워드로 설명하면 어떤 키워드 표현하실지?

황시혁 도전, 혁신, 그리고 미래. 세 가지로 말할 수 있을 것 같습니다. 이 세 가지 키워드에 명심하면서 정치 활동을 하고 있습니다.

이쌍규　국민의힘이나 민주당이 모두 다 팬덤 현상이 있잖아
요. 이 팬덤 현상에 대해서는 어떻게 평가를 하나요?

황시혁　정치인들에게 팬덤은 꼭 필요한 부분이라고 생각하거
든요. 그만큼 지지율을 만들 수 있고 그 지지도를 끌어
낼 수 있는 건데, 이게 연예인과 좀 다른 점은 연예인
은 어디 나오면 좋겠다, 바뀐 모습 보고 싶다, 이런 삶
에 윤활유를 쳐주는 부분인데 정치는 윤활유를 넘어
엔진 자체란 말입니다. 그런데 이게 팬덤 현상으로 인
해서 역방향으로 돌아가는 수가 생기더라고요. 이유가
정치인도 사람인지라 편한 걸 좋아하긴 한단 말이죠.
그렇다 보니 단순한 자기의 지지도라 생각하고, 팬덤
의 목소리가 전부인 양 왜곡해요. 저는 그런 방법의 팬
덤은 잘못됐다고 생각합니다.

이쌍규　지금 황 대표님은 팬덤도 없잖아요?

황시혁　팬덤이라는 게 숫자의 제한이 몇 명 이상, 이런 게 없
잖아요? 저는 13인의 죄인(?)도 있고, 300명의 청년 혁
신 아카데미, 그다음에 200명의 정치 캠퍼스 우리 식

구들이 있습니다. 그분들이 저에게는 가장 큰 힘이 되어주는 팬덤인 거죠. 게다가 제 팬덤은 저에게 항상 요구합니다. 동사무소 한번 가봤냐, 어떤 정책 내놓을 것이냐? 사람들이 힘들어한다. 정치적 해결책을 내놓아라. 매번 그런 말들을 많이 해주시니까 요구하는 팬덤인 거죠. (웃음)

이쌍규 잔소리꾼들이 많다는 뜻입니까?

황시혁 네, 그래서 자꾸 저를 공부하게 만들어요. 항상 새로운 이슈나 콘텐츠 등을 이야기하죠. 담뱃세는 받아 가면서 도대체 흡연자들의 시설은 언제 만드는 거냐? 지금 대한민국에 주(酒)세가 얼만지 아느냐, 방법을 바꿔야 한다, 등등 정말 많은 콘텐츠 들을 이야기합니다. 사실 제일 좋은 거예요.

3부 대구, 미래보수의 새로운 시작

컨텐츠 없는 청년 아이콘,
정치 이준석

이쌍규 전직 이준석 당 대표에 대해서는 어떻게 평가를 하세요?

황시혁 이 대표는 청년 정치라는 단어를 만들고, 청년이라는 혁신의 아이콘이라고 생각하는데, 독단적인 혼자만의 정치를 한다고 생각해요. 흔히 말하는 엘리트주의자죠. 그래서인지 조직을 만드는 것에 크게 관심이 없어요. 세상은 소수만이 다스릴 수 있다. 뭐 이런 생각을 가진 듯해요. 하지만 그것이 외부적으로 보이는 것을 크게 확대하는 능력이 있기에 무대 위에서 춤추는 가수들의 화려함만 계속 보여주고, 힘든 준비 단계는 보여 주지 않다 보니 허황 같은 희망만 보여주고 속 알맹이는 없는 거죠. 결론적으로는 팬덤과 아이콘만으로는 훌륭한 정치인이 될 수 없다고 생각합니다. 그래서 이준석 대표는 정치적 리더가 아니고, 한순간의 이슈메이커일 뿐입니다.

이쌍규   정치 콘텐츠가 없다는 뜻이에요?

황시혁   이준석의 콘텐츠는 청년이라는 단어에 대한 환상만 심어주고 콘텐츠의 답을 내주지 않은 겁니다. 혼자만의 콘텐츠죠. 혼자 청년이고, 청년에 대한 이미지를 계속 본인한테 입히고 있는 것이지, 본인 스토리가 없는 거죠. 콘텐츠의 내용이 없습니다. 본인의 성장기나 정치 시작 역시 환경과 부모의 도움을 받았음에도 불구하고 그것이 본인의 것인 양 기본 디폴트값으로 정해진 거죠. 제가 생각하는 미래보수의 개념과는 정반대입니다. 시대 지난 구태, 낡은 보수일 뿐이죠. 그래서 함께 혹은 어울림이라는 의미가 전혀 없어요.

이쌍규   이준석 전 대표가 청년 정치라는 표현을 자기는 공개적으로 안 쓴다. 자기는 청년이 아니다. 라고 표현을 하거든요. 그 표현에 대해서 어떻게 생각하시나요?

황시혁 명칭이라는 건 본인이 부르는 게 아니라 불리는 겁니다. 본인은 청년 정치라 말하지 않지만, 외부에서 청년 정치로 불리는 것이죠. 이준석 정치의 한계가 느껴지나요? 청년 정치라는 게 생물학적으로 물리적 나이를 말하는 게 아닙니다. 청년을 대상으로 한 정치를 청년 정치라 하는 것이죠. 이준석은 교묘하게 청년의 이야기를 하는 것처럼 느껴지게 만든 겁니다. 그저 20대 남자와 여자를 갈라치기 한 것밖에 없는데, 똑똑하게 20대 남자들의 분노를 잘 건드린 거죠. 본인도 해 본 적 없는 군대 이야기를 하면서, 정치 역시 똑같습니다. 이준석 대표는 시작부터 생물학적으로만 청년이었어요. 게다가 그땐 지금과는 다르게 여성 표를 의식해서 여성 비례 80%를 외쳤던 사람입니다. 무슨 조국처럼 change my mind인가요? 또 많은 젊은 정치인들을 기만하고 있어요. 본인은 정치 시작부터 시작점이 달랐는데 말입니다. 박근혜 키즈로 시작해서, 그다음에 올라와서는 유승민 대표, 그리고 유승민 대표를 넘어선 자신의 위치를 만드는데 실질적으로 본인만이 잘났다고 할 수 있는 게 아닙니다. 부모님과 환경의 혜택을 받은 거예요. 그렇다 보니 청년 정치라는 이미지에서 벗어날 수 없는 거죠. 본인이 해온 게 없으니 자승자박하는 겁니다. 아마 계속 어린아이일 거예요.

이쌍규 그러면 황 대표님도 청년 정치를 이야기하잖아요. 그것하고 뭐가 달라요?

황시혁 제가 말씀드리는 청년 정치는 '도전과 희생'입니다. 미래를 만들어 나갈 힘이라고 저는 계속 말씀드리고 있죠. 아마도 저희는 계속 부러질 것입니다. 왜냐하면, 어떤 완벽한 정책이라도 실행시킬 수 있는 능력이 없으니, 또 배우고 방법을 익히고 다시 도전하는 거거든요. 또한, 청년 정책이라는 것이 시대의 흐름에 따라 문화가 바뀌다 보니 그 시대 청년들밖에 할 수가 없어요. 다른 세대는 경험이 없으니까요. 그래서 그들을 시대 경험자로 불러야 합니다. 그래서 청년 정책은 기성세대를 설득하기 어렵습니다. 기성세대는 바뀐 세대를 이해할 수가 없거든요. 청년 정치인들은 그걸 설득하기 위해 또 도전하고 부러지고 배우는 것이죠. 아마 지금 세대가 지나면 또 다른 청년들이 성장할 텐데 정책도 바뀌어야 할 겁니다. 세상은 계속 발전하니까, 그 점이 바로 청년 정책이고 청년이에요.

이쌍규 일부에서 청년 정치를 편 가르기, 세대 편 가르기를 조장한다고 이야기를 하고 있잖아요. 실제로 이준석 대표는 세대 즉, 20대와 30대, 남성과 여성을 분리하는

선거 전략이 먹혔다. 그래서 대선에서 내가 공로를 했다. 이렇게 주장을 하는데 거기에 대해서는 어떻게 생각하시는지?

황시혁 우물 안에서 보면 모든 세상이 동그랗게 보이죠. 현상일 뿐입니다. 이준석 대표가 말하는 청년 갈라치기는 본인 스스로가 20대 남자들의 분노를 긁어서 만들어 낸 거예요. 거기에 공정과 상식이 통하지 않는 몇 안되는 여성 페미니스트가 문제들을 일으키면서 이야기 하는데, 실질적으로 페미니스트는 여성들에게 더 불리한 조건입니다. 여성들이 남성과 동등하게 일을 할 수 있고 평등하게 모든 할 수 있다. 걸스 캔 두 애니띵(Girls can do anything) 이 말 한마디로 여성이란 성별은 조리돌림당하는 겁니다. 이준석의 도발이 먹힌 거죠.

페미니스트가 나오기 전에는 여성은 보호받았습니다. 우리의 인식이라는 게 남자는 성장하면서 근육이 발달하고 여자는 지방이 발달한다. 그렇기에 육체적인 차이가 생긴다고 이야기하거든요. 이런 차이를 이준석 대표는 차별로 도발 한 거죠. 이 차별 발언으로 세대 갈라치기를 커뮤니티 중심으로 전파했고, 온라인 시대가 되니까 커뮤니티 중심으로 펼쳐 나간 건데 그것은 상당히 잘못된 정치 현상이죠. 철저하게 보고 싶은 것만 보고 결과를 도출해내는 방법입니다. 커뮤니티가 발달하면서 다양한 접속자들이 있을 거로 생각하지만 딱 비슷한 성격과 성향의 사람들끼리 온라인에서 만나는 거라 무리와 집단의 대표성만 있을 뿐입니다.

분리하는 선거 전략이 먹혔다는데 그러면 극우를 비판하면 안 되는 거예요. 확실하게 분리되어 우리 당을 지지하는 사람들인데 다만 그들의 방법론이 틀렸으면 지적만 하면 되는 겁니다. 20대 남녀를 극단적으로 갈라놓고 공로를 했다고 볼 수 없습니다. 그저 마이너스와 혐오 정치를 보여준 것일 뿐

이쌍규 이준석 대표가 대구에 출마할 가능성도 있잖아요. 만약에 대구 출마에 대해서는 어떻게 생각을 해요?

황시혁 저는 환영하고 있습니다. 백인백답百人百答이었나요? 이준석 대표가 '모두 다 예스Yes할 때 노No하는 정치인이

대구엔 없다.' 대구대학교 강연회에서 그런 이야기를 했단 말이에요. 그런데 본인 역시도 모든 사람이 공천 받으려고 줄 서고 있을 때 당당하게 하지 못한다는 겁니다. 결국, 계산해서 이익에 맞게 행동하겠지만, 대구에서 출마하는 게 그의 정치 인생을 위해서도 더 좋다고 봅니다. 피하지 말고 자신이 한 말에 관해 책임을 반드시 져야 합니다. 사실 모두가 어렵다고 하는 노원에 무소속 출마하는 것도 괜찮겠네요. 예스해야 하니까요.

이쌍규 그 말의 전제는 실제로 공천받을 가능성이 없다는 뜻입니까?

황시혁 제가 지도부가 아니니까 확답을 내리기는 어렵지만, 경험상 내부의 적이 외부의 적보다 더 무섭습니다. 그래서 함께하지 못한다면 일찌감치 수술해서 빼내는 것도 좋다고 생각합니다. 무소속으로 북구 을에 오십시오. 같이 경쟁해보고 싶습니다.

이쌍규 '한 판 붙자' 반응을 해야 할텐데 그렇죠?

황시혁   그러게요. 절대 하지 않을 겁니다. 이준석은 경험이 없
거든요. 지금까지 도전해본 게 있을까요?

이쌍규   이준석 대표에게 충고. 이건 하지 마라. 뭐 무소속이
되든, 뭐 내년 총선에는 이것은 하지 마라. 당부 말씀
이 있으면 한 말씀 하시죠.

황시혁   세상은 키보드 밖에 있다고 본인이 말하지 않았습니
까? 세상은 키보드 밖에 있습니다. 하늘을 바라보고 동
그랗다고 하면 그게 다가 아니고 왜 동그란지를 찾아
봐야 합니다. 사람들에게 알려주고. 너무나 갇혀 있지
마십시오. 다른 사람들이 이야기하는 거 하나하나 꼬
투리 잡아가면서 이야기하는데, 많은 사람이 생각하고
있습니다. 본인만 정답인 게 아닙니다. 제발 조직을 인
정하고 본인이 나아갈 수 있는 위치가 어떤 집단을 대
표할 수 있는지부터 생각을 하시기를 바랍니다.

이쌍규   유승민 전 국회의원이 지금 TV 활동이나 모든 것에
대해서 윤석열 대통령하고 각을 세우면서 정치 활동을
하고 계시잖아요. 유승민 의원의 정치 활동에 대해서

어떻게 평가합니까?

황시혁 유승민 전 의원께서 생존의 방향으로 전선 대결을 선택하신 것 같아요. 인기 있는 사람을 헐뜯고 그 사람을 이슈로 삼아서 그 양분 삼아 성장을 해나가는 방향성인데, 모든 사람은 완벽할 수 없다는 것을 약점 삼아 계속 잘못된 점만 지적하는 겁니다. 그런 음지의 정치를 사용하는 것으로 봐서는 좋은 정치인이라고 보긴 힘들죠. 또한, 신뢰성을 가지려고 본인의 전문가적인 성향을 많이 이용하시더라고요. 그래프를 이용하시고 그다음에 차트를 보면서 말씀을 많이 하시면서 본인 멘트에 대해 정당성을 많이 어필하시는데, 과학연구가 아닌 이상 차트는 어떻게 읽는지에 따라 연구 결과는 항상 바뀝니다.

아쉬운 게 매번 협치를 말씀하시는 분이 강요만 하는 게 아쉽죠. 이분도 이준석처럼 본인만이 정답이라 이야길 하는데, 아직 정치하시는 거 보면 보수당에서 박근혜라는 상징성이 음으로 양으로 얼마나 대단한지 알게 되네요.

이쌍규 낡았다는 거예요?

황시혁 낡은 옛날 정치라기보다, 헐뜯는 정치를 한다는 거죠.

4부

미래보수 황시혁! 그를 알면 우리는 뭐하지?

"바뀌어 봅시다.

지금 북구 을에는 그 누구도 없어요. 뭐가? 토박이가,

우리 동네를 대표할 수 있는 사람이.

우리 동네에 살아본 적이 없는 사람이 많아요.

뭐가 필요한지, 뭐가 중요한지 이걸 만들어낼 수 있는 경험 많은 사람,

우리가 항상 이야기했을 때 개개인의 경험과 능력이

정치인의 정책으로 많이 발현됩니다.

북구는 좀 바뀔 때도 됐습니다.

언제까지 고착화의 도시,

언제까지 막혀 있는 도시라고 놀림을 당할 겁니까?

20% 혁신의 힘으로 대구 북구 을에서 한번 미래보수를 만들어봅시다.

미래보수는 대구의 희망입니다."

미래보수 황시혁의
여러 정치적 생각들

현재원 정치인이 아닌 국민의 한 사람으로서 정치권이 가장
시급하게 해결해야 하는 문제가 무엇이라고 생각하시
는지? 그런 문제해결 방안으로 황 대표님께서 내놓는
대안은 어떤 것이 있을지 궁금합니다.

황시혁 정치권이 가장 시급하게 해야 하는 것은 협치와 이해
죠. 서로 다른 생각을 지닌 사람들이 모여있는 300명
의 국회의원이잖아요. 우리는 제한된 자원 내에서 양
보해야 합니다. 또한, 희생도 해야 하며 그다음에 국가
이익을 추구하기 위해 용기도 내야 하고 과한 욕심을
낼 수도 있습니다. 그런데 서로 다른 생각을 한다고 싸

움만 한다면 그 누구도 가져가지 못하는 일이 벌어지는 거죠. 정치라는 것은 옛날 말로 낭만이 있어야 하거든요. 낭만이 있어야 서로 할 말을 하더라도 감정적이지 않게 되는 겁니다. 요즘은 서로에 대한 비난이 너무 원색적이고, 노골적이에요.

현재원   세대, 성별, 계층 그리고 국민 간의 정치 경제적 갈등이 요즘 커지는 이유는 무엇이라고 생각하니까? 이런 국민 간 갈등을 해결하기 위해 황 대표님이 제시하시는 희망적인 미래는 어떤 모습일지가 궁금합니다.

황시혁   정치인들은 '갈라치기 분열 전략'을 많이 이용합니다. 세대, 성별, 계층을 세분화하여 특정 집단의 표를 획득하려 합니다. 누가 더 이득인지 이간질을 하는 전략이죠. 과거 영호남이 그러했고, 지금은 남녀가 그렇습니다. 하지만 앞으로 우리가 나아가야 하는 방향은 '인정과 이해'라고 생각합니다. 인정과 이해로 설득한다면 국민 간 갈등이 조금씩 사라져 갑니다. 그 이후엔 발전적 경쟁만이 있는 것이죠. 제한된 자원은 경쟁할 수밖에 없으나 어느 게 더 나은 발전인지 고민하게 될 겁니다.

현재원 모든 정치인이 공통으로 언급하는 키워드가 있습니다. 바로 민생인데요. 모든 정치인이 민생을 이야기하지만 각기 다른 대안을 내놓습니다. 황 대표님께서 생각하시는 민생 정책은 무엇일까요?

황시혁 민생이라는 것이 일반인의 삶입니다. 그런데 국민의 대표인 국회의원이라 해도 경험이 다르고 살아온 환경이, 그리고 고민해온 깊이가 천차만별이니 각기 대안을 내놓을 수밖에 없습니다. 제가 생각하는 민생 정책에는 먼저 주택문제와 물가 안정화 정책이 있는데요. 주택문제는 사회문제로 접근해야 함이 바르다고 봅니다. 토지나 주택 등은 투자의 방법론에서 지양하게 만드는 정책을 실행해서 투자의 방향성을 바로 잡아 줘야 합니다. 또한, 문재인 정부 시절 급격한 최저임금 인상으로 거의 모든 물가가 올라 모든 서민이 힘들어하는 현상을 겪었습니다. 그로 인해 대부분 가정이 외벌이 생활이 불가능해져 강제로 맞벌이해야 했죠. 그래서 육아에도 어려움을 겪게 되었습니다. 육아 문제는 결국 인구소멸 문제로 번지게 되었죠. 앞으로는 4인 가정기준 한 명의 외벌이만으로 생활이 가능할 정도의 물가 안정화를 진행해야 합니다.

현재원 문재인 정부가 정권 재창출에 실패했는데요. 실패한
원인이 무엇이라고 생각하십니까?

황시혁 문재인 정부의 가장 큰 문제는 다른 것보다 진보의 위
선 때문에 국민의 신뢰를 잃은 것입니다. 통계 조작이
나 뉴스 등을 뒤로하고도 너무나 유명한 조국 사태라

든지, 이재명 사태를 보면서 전부 극단적 이상주의였구나, 느낀 겁니다. 게다가 타인에겐 강요하고 스스로 지키지 못하는 모습을 보니 국민의 반감을 갖게 되지 않을까 생각합니다.

현재원 지나친 이성주의에 대해서 말씀을 해 주셨는데 그렇다면 조국 사태에 대해서는 어떻게 생각하실까요?

황시혁 조국 사태가 지나친 이성주의의 끝판이었죠. 강남 좌파란 말이 있을 수 있습니까? 좌파의 기본적 이념이 분배인데 기본 틀에서부터 잘못된 문제가 생기지 않았을까 생각합니다. 세상을 가재 · 붕어 · 개구리의 마을로 만들어 놓고 본인은 용이 되어 다른 마을에서 사는 거였잖아요? '내가 조국이다'라고 외치는 분들의 심정 또한 이해할 수 없습니다. 주변 환경부터가 다르고, 그들이 가지고 있는 위치부터가 다릅니다. 실제로 조국 사태는 진보의 위선에 무능이 겹쳐진 것이죠. 정권을 잡고 있다고 안일했나 봅니다. 진보가 보수화되었을 수도 있죠. 최악이네요.

현재원 태극기 부대에 대해서는 어떻게 생각해요?

황시혁 사실 태극기 부대는 우리보다 앞 시대를 살아온 선배들이라 볼 수 있는데, 태극기를 들 수밖에 없었던 이유가 갑자기 그들이 살아온 인생을 거부당한 분노에서 처음 시작한 것으로 알고 있습니다. 하지만 점차 집단화, 정치화되어 가면서 퇴색되고 변색하여 이익집단으로 변모한 것처럼 보입니다. 요즘 부정선거에 대한 이슈를 봐도 책임에 대해 무언가를 계속 요구하고 있어요. 만약 부정선거가 의심된다면 앞으로 어떻게 바뀌어야 한다는 대안을 제시해서 되풀이되는 결과를 방지할 수 있게 해야 하는데 말이죠.

현재원 만약에 국회의원 선거에 태극기 부대가 도와준다고 하면 어떻게 할 것입니까?

황시혁 정치인은 타협이라고 얘기하지만, 성향이 다르면 같이 갈 수 없다고 보고 있습니다. 그분들이 잠시 저를 도와주신다고 해도 제가 가는 방향과 다르다면 거절해야 한다고 봅니다. 당선 뒤에 돌아올 일이 감당 안 될 수도 있어서요.

현재원 요즘 많은 화제의 대상이죠. 이재명 민주당 당 대표의
정치 활동은 어떻게 평가하십니까?

황시혁 이것도 좀 위험한 발언이 될 수 있지만, 저는 주식회
사 북한을 따라 하는 꼬마 스타트업의 카피캣이라고
생각합니다. 이재명 대표가 원하는 건 중앙의 힘을 가
진, 이성주의와 공산주의 형태라고 저는 보고 있습니
다. 오히려 우리 보수세력보다 더 기득권적이고 더 갇
혀 있는 문화를 만들어 내고 있거든요. 위에서 하달되
는 명령만 기다리고 앉아있는 왕권 형태의 전제주의를
만들어가는 것이라서 민주주의라고 이야기하기는 좀
어렵지 않을까 생각합니다. 그 힘이 현재 잠깐 폭발적
일 수는 있습니다만, 그 안의 틈새는 그 집단들의 이익
이 배분될 때 서로 분열하지 않을까 생각합니다.

현재원 최근 가장 관심을 가지는 정치적 사안은 무엇인가요?

황시혁 저는 이념에 대해 생각합니다. 그중 독립운동과 대한

민국 건국 운동에 관한 사안에 관해 관심이 있어요. 대한민국 건국에 대해서 많은 사람이 이야기하고 있는데, 독립운동이 건국의 시작이다 아니다라는 찬반 논란이 엄청나게 많습니다. 하지만 제가 봤을 때 대한민국은 제헌 국회, 그때부터라고 저는 보고 있습니다. 독립운동은 건국하기 위한 준비 단계, 워밍업이라는 것을 저는 인정을 하고 있거든요. 그렇게 하면 독립과 건국을 구분할 수 있어 여러 역사문제도 해결할 수 있습니다.

현재원 사회주의 계열의 독립운동도 인정해야 한다는 건가요?

황시혁 사회주의 독립운동가도 독립운동하지 않았을까요? 인정을 해주는 게 바르다고 봅니다. 다만 독립운동은 했지만, 대한민국 건국에 문제가 되는 활동을 했다면 업적은 인정하되 대한민국에서 국가적 추모하기에는 문제가 있다, 이렇게 말씀드리고 싶습니다.

현재원 박근혜 탄핵에 대해서는 어떻게 생각해요?

황시혁 생존을 위한 권력분배에 대한 실패이자 정치적 실패이죠. 박근혜 대통령이 탄핵당할 때 보수정당 내에선 서로 살아남아 다음 정권 창출하기 위해 발 빠르게 움직였어요. 그래서 탄핵의 선두 주자로 나섰던 것이죠. 다만 그것이 국민에게 충분한 설명이 없었다는 것이에요. 앞서도 말씀드렸지만, 대한민국 보수 최대의 유물은 산업화의 상징 박정희 대통령의 딸인 박근혜 대통령인데, 국민적 인정을 받아 내지 못한 거죠. 지금 탄핵이 정당했다, 정당하지 못했다는 중요하지 않습니다. 헌법이 존재하는 국가에서 헌재의 판단이 그러했다는 건 정당하다 봐야 하기에, 다만 그 과정이 애석한 거죠. 결과론적이지만 정치력이 잘 발휘되었더라면 탄핵은 없었을 것이라 봅니다.

현재원 내부 보수의 권력투쟁으로 인해서 탄핵이 되었다 이런 뜻인가요?

황시혁 성급한 결정에 따른 정치적 실패죠. 어쩌면 짧은 한순간에 잘못된 선택일 수도 있습니다.

젊고 당당한 미래보수 황시혁

미래보수 황시혁의
정치적 롤 모델

현재원 정치인으로서 롤 모델(Role model)²⁵로 생각하는 정치인

이 있으시다면, 소개 부탁드립니다.

황시혁 미국이란 나라를 전 세계 1위 국가로 만들어 낸 우드

로 윌슨 대통령입니다. 우드로 윌슨 대통령은 유럽의

변방인 미국을 세계 1등 나라로 만들어 낸 정책을 만

든 사람입니다. 우드로 윌슨의 '민족자결주의'는 전 세

계의 식민지를 해방하면서 변방인 미국을 세계의 중심

---

25 역할 모델(Role model)은 특정인을 설정한 뒤, 성숙해질 때까지 그 인물을
본보기로 삼는 것을 의미한다. 해당 용어는 Robert K. Merton이 최초로 사용하
였다.

으로 만들어 냈습니다. 단 하나의 정책으로 모든 것을 뒤집어 버린 최고의 정치가죠. 저 역시 대한민국을 일등으로 만들기 위해서 어떤 것을 생각할 수 있겠느냐고 항상 고민합니다. 저도 그런 정치인이 되고 싶습니다.

현재원 외국 정치인이 아닌, 대한민국에서 보수 혹은 진보정치인 중의 한 명씩 골라 주신다면?

황시혁 저는 진보정치인 중에 김대중 대통령이 썼던 정치적 멘트들을 너무나 좋아합니다. 사람들의 투표의식을 만들어 낼 수 있는 '행동하는 양심'이라는 단어는 사람들을 투표장으로 끌어냈습니다. 왜? 행동하지 않으면 난 양심이 털 난 사람이라 인정하는 거예요. 정말 쉬운 말들이잖아요. 함축되어있는 말들입니다. 김대중 대통령의 멘트들은 박지원 의원, 유시민 작가 이런 분들이 뒤를 이어갔습니다. 이들의 멘트와 단어 선택은 국민이 쉽게 이해할 수 있습니다. 정치 언어는 어려운 것이 아니라 쉬워야 한다는 제 생각과 맞아떨어지는 것이죠. 보수에서는 이명박 대통령을 좋아하는데, 이명박 대통령은 정말 서민에 관한 이야기들을 많이 하셨어요. 학

자금 대출이라는 구조도 만들고, 그다음에 교통카드 환승 시스템을 만들었죠. 진짜 듣도 보도 못한 많은 반대가 있었지만 그걸 실행할 수 있었던 실천 능력, 의지 그리고 실행하려고 추구했던 목적과 목표가 있는 그런 대통령이었습니다.

현재원 국민은 이명박 대통령에 대해서는 그렇게 호의적이진 않잖아요.

황시혁 저는 잘못된 홍보 방법 때문이라고 생각합니다. 목포 신안에 가면 '천사대교(千四大橋)'[26]가 있잖아요. 천사대교가 원래 박근혜 대통령이 돈을 내려줬거든요. 박근혜 대통령이 당 대표 시절 목포항과 신안을 왔다 갔다 하시면서 여기에 이렇게 다니면 너무 사람들이 힘들지 않으냐, 그래서 바로 예산이 내려와서 다리를 짓게 되었어요. 그것이 천사대교입니다. 그런 정치적 홍보 방

---

26 전라남도 신안군 압해읍과 암태면을 잇는 교량으로, 2019년 4월 개통되었다. 압해도(押海島)와 암태도(巖泰島)를 연결한다. 섬과 섬을 연결하는 연도교(連島橋)로 압해도(押海島)와 암태도(巖泰島)를 연결하는 다리이다. 천사대교라는 명칭은 1,004개의 섬으로 이루어진 신안군의 지역 특성을 반영하여 지어진 이름이다.

법이 성공적이지 못해서 호의적이지 않다고 생각할 수도 있어요. 점점 4대강의 성공적 효과도 나오고 있고, 자전거 도로의 효과도 나오잖아요? 정확하고 확실하게 홍보를 한다면 호의적으로 바뀔 겁니다. 호의적 비호의적은 이미지 전이니까요.

현재원 국민의힘 홍보 전략은 어떻게 평가하시는지?

황시혁 집단화가 안 되어서 그런지 정당의 중앙통제적 시스템이 잘 안되는 것 같아요. 법안이나 각 지역 활동들을

보면 멋지고 잘한 활동들이 있는데, 국민의힘 홍보팀에서 뭘 홍보할지 안 정하는 거 같아요. 사공이 많아서 그런지 특정 부분, 특혜 시비를 두려워하는 모습인 거 같기도 한데 그래서 정보가 많지 않아요. 그래서 정보를 소비자 스스로 찾아서 봐야 하는 처지입니다. 그런데 사람들이 정보를 그렇게 막 찾아보지 않거든요. 게다가 정당의 정보는 더더욱 안 찾아보죠. 새로운 로고조차 모르는걸요. 그건 관심의 문제가 아니라 홍보의 문제입니다.

현재원 민주당의 홍보 방법이 지금 국민의힘보다 효과적이라는 의미인가요?

황시혁 현재 상태에서 평가하면, 민주당은 탁월하다고 생각합니다. 만약에 국민의힘에 탁현민 같은 사람과 손혜원 같은 사람, 이 두 명만 국민의힘에 있었다면, 국민의힘은 100년 정도 집권이 가능하지 않았을까 생각합니다. 최고의 이미지를 만들어 낼 수 있겠네요. 중앙 검열 같은 게 없어서 그런가?

가족은 영원한
황시혁의 팬클럽

이쌍규 결혼은 언제 했어요? 연애했어요? 사모님은 어떻게 만났는지?

황시혁 2015년도 결혼했고, 연애는 12년 했습니다. 당시엔 언론 영상 수업 중에 '착한 사람'이라는 주제의 영상 제작 과제가 있었어요. 착한 사람이라는 주제로 촬영을 나가서 어린이집에서 만났습니다. 3박 4일 정도 촬영하다 정이 생겼는지 그대로 연애만 12년 하다 프러포즈했습니다.

이쌍규 지금 가족 관계는 어떻게 돼요? 애들하고는 자주 못

놀아주겠네요.

황시혁 집사람, 아홉 살 딸과 그다음에 일곱 살 아들이 있습니다. 평일에는 여느 집과 마찬가지로 애들 잘 때 출근하고, 애들 잘 때 퇴근하죠. 그래서 토요일과 일요일에는 웬만하면 같이 시간을 보내려고 하는데, 또 정치행사가 주말에 많으니 같이 놀아줄 시간이 별로 없더라고요. 참 아쉬운 점입니다. 정치인도 아빠인지라 애들이 많이 보고 싶네요.

이쌍규 아내에겐 어떤 남편인지 자체적으로 평가를 하시면? 학점으로 치면은 얼마 정도 되는지?

황시혁 뭐 딱히 좋은 거 같진 않아요. 정치인이라는 특별한 인생을 가지고 있다 보니까 어떻게 보면 아내와 가족이 팬클럽인 형태죠. 제가 열심히 할 수 있게 기도해 주고 열심히 할 수 있게 믿어주고 있습니다. 저는 가족들에게 희망의 메시지를 주는 거죠. 좀 더 나아질 거야. 우리 애들이 살기 좋은 세상이 만들어질 거야라고. 자체평가로 C+ 정도 된다고 생각합니다. 계절학기는 안 들

어도 됩니다. (웃음)

이쌍규 술 주량은 어떻게 돼요? 주로 어떤 종류 술을 마시나요?

황시혁 요즘에는 소주 한 명 정도 마시는 것 같아요. 원래 제가 제일 좋아하는 술은 꽃향기가 나는 곡주 같은 거 좋아하는데, 너무 비싸다 보니 지금은 소주를 주로 마시고 있습니다. 만약에 제가 국회의원이 되면 우리나라 주세법을 바꿔서 해외기준으로 만들어 저렴한 가격에 주종 선택의 자유를 만들어보고 싶습니다.

이쌍규 무슨 이유가 있나요?

황시혁 우리나라 주세법 자체가 원가에 대한 비용으로 되어 있거든요. 이게 너무 비싸요. 그런데 외국의 사례들을 보면 알코올 도수에 의해서 가격이 책정된단 말이죠. 그런 형식으로 바꾸면 우리도 좋은 술을 저렴하게 마실 수 있어요. 다만 소주 회사들의 많은 반발이 문제되지 않을까 생각합니다.

이쌍규 술 주당들한테는 인기 있는 국회의원이 되겠네요? 그죠?

황시혁 서민들의 술인 소주도 이제는 부담스러워졌습니다. 지금이 기회이죠. 싸고 좋은 술을 마실 수 있는 정책을 만들어 낼 것입니다.

이쌍규 영화 자주 보십니까? 가장 감명 깊게 본 영화를 추천하신다면? 책 추천은요?

황시혁 영화 좋아합니다. 최근에 본 영화가 범죄도시네요. 저는 시원한 액션과 역사가 가미된 전쟁 영화를 좋아합니다. 그래서 가장 감명 깊게 본 영화는 라이언 일병 구하기입니다. 이 영화의 주제를 한 문장으로 표현하면, "국가는 여러분들을 버리지 않습니다." "Thank you for your service." 책은 국민의힘이 홍보를 잘못하고 있는 거 같아서, 틈틈이 보는 게 괴벨스 책입니다. 사람들에게 선뜻 추천하기는 어렵고, 사람들에게 추천하고 싶은 건 노자의 도덕경 정도 될 것 같습니다. 머리가 복잡할 때 노자의 문장 하나를 놓고 바라보고 있으면 머리가 맑아지는 느낌입니다. 물론 개인차는 있을 수 있습니다.

이쌍규 좋아하는 가수 있어요? 좋아하는 노래는?

황시혁 저는 코요태의 신지 씨를 제일 좋아합니다. 좋아하는 노래는 조성모 씨의 피아노입니다. 군대 갈 때 군대에서 장기자랑 시키잖아요. 그때 불렀던 노래가 조성모 씨의 피아노입니다.

이쌍규 정치인 가족이 다른 가족하고 다른 점은 뭐라고 생각합니까?

황시혁 대의를 위한다고는 하지만, 개인의 입신양명立身揚名을 위해서 가족이 포기해야 하는 부분이 너무 많아요. 인정과 이해라는 부분이 가족에게도 똑같이 허용되는데, 가족은 왜 하필 우리가 해야 하나라는 말을 많이 할 겁니다. 어떻게 말해도 정치에는 희생이 있을 수밖에 없으니까요. 다만 미래를 위해서 조금 참아주시라 부탁의 말씀을 드립니다. 미안합니다.

이쌍규 인간 황시혁에게서 가족은 어떤 의미인가요?

황시혁 역시 영원한 저의 팬클럽입니다. 대를 위해서 소를 희생한다는 그런 것은 저도 정말 싫어하는데, 가족의 희생이 없으면 대의大義가 없거든요. 바라는 거 없이 주는 팬들처럼 항상 아껴 주고 싶습니다.

이쌍규 만약에 딸하고 아들이 있는데 성장해서 '저도 정치하겠습니다'라고 이야기했을 때는 어떻게 할까요?

황시혁　스스로 돈을 벌 수 있어야 한다고 이야기하겠습니다. 추천하진 않지만, 본인이 하고 싶은 의지가 있다면 충분히 도와줄 마음은 있습니다. 딸이 현재 반장을 했어요, 1학기 때 반장을 한 사람은 2학기 때 반장을 못한답니다. 1학기 때 부반장을 한 사람은 2학기 때 반장을 할 수가 있대요. 그러면서 아쉬워하던데 벌써 애가 그걸 알고 있어요. 반장이 어떤 재미가 있다는 것을 느낀 것 같습니다.

이쌍규　정치 활동하고 무관하게 내 인생에서 이거 진짜 시련이고 힘들었다는 때가 있었어요?

황시혁　역시 코로나였습니다. 코로나가 없었으면 제가 여기 없었습니다. 과거의 코로나는 누구나 다 힘들었겠지만, 저에게는 인생 변화의 전환점이 되었습니다. 위기가 기회인 셈이지요.

현재원　요즘은 굉장히 핫한 주제죠. MBTI[27]인데요. 본인의 성

27　MBTI 또는 마이어스-브릭스 유형 지표(Myers-Briggs Type Indicator 마이어스-브릭스 타이프 인디케이터)는 개인이 쉽게 응답할 수 있는 자기보고

젊고 당당한 미래보수 황시혁

격 유형 MBTI를 혹시 알고 계시는지?

황시혁   제가 MBTI를 많이 들어봐서 해봤어요. 예전엔 혈액형 4가지로 이야기하곤 했는데 MBTI는 또 몇 가지가 더 있더라고요. 다만 제가 만나는 분들이 그런 것에 관심이 없어서 이야기를 안 하다 보니 기억하지 못하지만, 결론은 아인슈타인과 똑같다는 것만 확인했었어요.

이쌍규   그걸 정치 키워드로 표현하면 '돌아이' 기질이 있는 사람들 아닌가요?

황시혁   원래 정치인이라는 게 정상적인 분들은 아니지 않을까요? 호기심 많은 사람이 '돌아이'라는 키워드로 표현됩니다.

현재원   앞서 13인의 죄수(?)들에 대해서 언급 해주셨는데요. 황시혁을 보좌하는 참모진 누가 있을까요?

서 문항을 통해 인식하고 판단할 때의 각자 선호하는 경향을 찾고, 이러한 선호 경향들이 인간의 행동에 어떠한 영향을 미치는가를 파악하여 실생활에 응용할 수 있도록 제작된 심리 검사이다.

황시혁　보좌진은 두 부류가 있습니다. 제 일을 분담해서 해주고 있는 보좌진, 그리고 저를 앞으로 나아갈 수 있게 해주는 정책보좌진. 모든 보좌진이 저에게 아주 고귀한 사람들입니다. 특히나 많은 고민을 받아주시는 고귀한 고등학교 선배님과 저와 함께 항상 해주는 우리 13인 죄수 중에 두목(?)이 한 명 있습니다. 고생을 제일 많이 하는 참모입니다. 미안하고 고맙습니다.

현재원　요즘 유행하는 유행어가 매우 많은데요. 알고 계신 MZ 세대[28]의 유행어가 있으신가요?

황시혁　많이 이해하려고 노력하고 있는데 이게 어렵더라고요. MZ 말이 어려워요. '킹 받죠' 정도 알고 있습니다. 열받지, 화나지, 그러니까 뭐 약간 놀리는 그런 겁니다. 킹 받쥬?

28　MZ세대는 밀레니얼 세대와 Z세대를 통틀어 지칭하는 대한민국의 신조어다. 밀레니얼 세대는 X세대와 Z세대 사이의 인구통계학적 집단이다. 일반적으로 1980년부터 2010년까지 출생한 사람으로 정의한다. 전기 밀레니얼(1980년~1988년)과 후기 밀레니얼(1989년~1996년)로 구분하기도 한다. 대부분의 밀레니얼 세대는 베이비붐 세대와 초기 세대의 자녀들이다.

현재원 인생 선배로서 MZ 세대를 포함한 우리 청년들에게 한마디 말씀을 전하신다면?

황시혁 우리는 왜 살고 있을까요? 우리의 목적은 무엇이고 또 우리의 미래는 어떻게 나아갈 것인가요? 그걸 항상 잘 생각해야 할 것 같습니다. 포기하지 말고 항상 도전해 보고, 히키코모리 이야기들이 많은데 나약해 지치지 말고. 밖에 나가서 시장에서 한 시간만 앉아있으면 활력을 얻을 수 있습니다. 사람들이 어떻게 살아가는지 주위를 살펴봅시다. 스스로 움츠러들 필요가 있을까

요? 조금만 도전해보고 조금만 용기를 가집시다. 그러면 우리가 원하는 미래가 올 것 같습니다.

현재원   오늘 하루만 살 수 있다면 가장 먼저 하고 싶은 일이 뭘까요?

황시혁   저는 모닝커피를 한 잔 마시면서 어떻게 인생을 잘 마무리할 수 있을지 생각을 할 겁니다. 저는 죽음 또한 혁신이라고 생각합니다. 스티브 잡스가 이야기한 건데, 죽음은 우리 생전에 한 번밖에 없는 기회니까 기회를 얼마나 잘 만들어나갈 수 있을지 생각할 거 같습니다.

이쌍규   가족이 없네요. 그러면 혼자 모닝커피 마시는 이기주의자잖아요. 아닌가요?

황시혁   가족도 자기 나름의 하루 밖에 안 남았는데 본인의 시간을 즐겨야죠. (웃음)

현재원   커피를 굉장히 좋아하시는 것 같은데요. 인간 황시혁이 평소에 쉴 때는 무엇을 하고 쉬시는지 궁금합니다.

황시혁　요즘 새로운 취미를 얻었습니다. 생이 새우라고 관상용 새우를 키워요. 요만한 손톱 같은 새우인데, 새우 보면서 있으면 세상이 보입니다. 어떻게 밥을 먹으려고 애들이 헤엄치고, 그다음에 어떤 물속에서 어떤 냄새가 나는지 먹이를 또 찾아가죠. 사람 사는 것과 똑같다고 생각합니다. 그렇게 뇌를 좀 쉬게 해주고 보통은 책을 많이 읽습니다.

현재원　정치를 만약 그만두게 됐을 때 인간으로서의 황시혁은 어떤 인생을 살까요?

황시혁　제가 정치인이 안 됐으면 세계를 돌아다니면서 칼럼을 쓰고 있었을 겁니다. 세계인들에게 어떠한 즐거움이 있다는 것을 알려주고 싶습니다. 여행이란 게 매번 가기가 쉽지 않잖아요. 사람 성향별 분석표 지표를 만들고 확실한 정보를 만들어 내서 소비자들에게 후회 없는 자료들을 만들어 낼 것 같아요.

현재원　이번에는 미래의 자신에게 메시지를 남겨보도록 하겠습니다. 미래의 자신에게 어떤 정치인이 되라고 하고 싶으신지요?

황시혁 타협했을까? 그걸 가장 물어보고 싶어요. 생존과 삶을 위해서 타협했다면 빨리 접자. 그런데 너의 목적과 목표를 위해서 버릴 수 있는 건 버리자. 앞으로 나가자. 미래의 보수는 우리가 만들어가야 한다고 말하고 싶습니다.

현재원 미래의 나 자신에게 한 말씀 나눠보는 시간을 갖도록 하겠습니다. 22대 총선 이후에 나에게 해주고 싶은 말은 어떤 게 있을까요?

황시혁 국회의원 배지 달았을까요? 달았다고 예상됩니다. (웃음) 국회의원 되었으니 열심히 일하자. 잘못된 게 있다면 빨리 고쳐 나가자. 우리는 언제나 반성하고 미래로 나아갈 수 있게 준비할 수 있는, 언제나 그런 사람이 되었으면 좋겠다고 이야기하고 싶어요.

현재원 지금까지 길다면 길고 또 짧다면 짧을 수도 있는 시간 동안 아주 많은 정치적 경험을 하신 것 같습니다. 처음 정치에 입문했을 때와 지금을 비교했을 때 어떤 정치인이 되고 싶었는지, 혹은 그 마음이 변화하셨는지 궁금합니다.

황시혁 처음 제가 정치 입문을 딱 할 때는 아무것도 몰랐어요. 지금은 현실을 조금 느끼죠. 현실을 느끼면서 필요한 부분들이 더 많아졌어요. 옛날에는 오로지 내 생각만 하면서 사람들을 설득하기 시작했다면, 이제는 현장과 현실을 보고 그들의 삶을 저한테 대입시키는 거죠. 그래서 사람들이 말을 하기 전에 어떻게 만들어가야겠다, 이거 사람들이 좋아하겠다고 생각하는 정치인이 되고 싶어요. 아직 그 마음은 변하진 않은 거 같아요. 사람들과 함께 지혜롭고 완숙한 정치인이 꼭 되고 싶습니다.

현재원 40대 완숙되면 50대는 어떻게 돼요?

황시혁 아마 50대는 전문가가 되어 있을 겁니다. 남이 이야기하기 전에 제가 먼저 더 올바른 방향의 입법 활동을 할 수 있는 정치인인 거죠.

'후쿠시마 방류수와 공포 마케팅'

(2023년08월28일 원자력신문 황시혁 칼럼中)

누구나 한 번쯤은 모기에게 물려 가렵고 아플 때 꼭 침 한번 바르고 손톱으로 십자가 모양을 내서 꾹꾹 눌러 간지러움을 감추고, 화상을 입었을 때 차가운 얼음을 얹어 놓고 화기가 잠시 떠나길 기다린다. 가을 추석이 다가올 때쯤 벌에 쏘여 된장을 바를 때처럼 우리는 민간요법을 아무 생각 없이 특정 버릇처럼 떠올리곤 했었다. 전문가는 아니지만 전문가인 양 어깨 너머로 들려오는 맞음이라는 말과 지금까지 해왔던 시간 속의 관행 속에 아무런 의심 없이 행해왔던 민간요법은 지난 시간엔 맞는 말이었지만, 과학이 발달하고 통신 및 인터넷의 발달로 더 나은 방법으로 나아가게 되었고 이전보다 더 튼튼하게 설계된 사회구조는 조금 더 편리하게 전문가를 만날 수 있게 되어 그저 머릿속 추억처럼 자리 잡고 있다.

과학의 시대 현재는 인간의 영역을 넘어서 많은 양의 경험적 데이터를 통계로 만들어 미래를 예측하고 결과를 도출해 낸다. 더

욱이 AI라는 영역은 인간 한 명이 지닐 수 있는 지적 데이터를 능가해 수백 수천 혹은 수억 명의 데이터를 편집해 내고 그걸 경험 삼아 결과를 만들어 냈으며, 이제는 자연현상이나 상황들을 예측할 수 있는 범위까지 자료로 만들어 낸다. 말로 설명해서 해보니 그렇더라, 예전엔 다 그랬다는 것은 말그래도 옛말이 되어버렸고 타당한 과학적 자료가 기본이 되어버렸다.

이런 시기에 후쿠시마 방사수 문제는 괜히 찝찝함이라는 기분, 그럴 것이라는 명분 없는 예측, 전혀 다른 데이터 해석을 통한 카더라 와 정치적 선동으로 민간요법인 양 사람들에게 스며들어 가고 있다. 게다가 내가 다 해봤다는 경험을 이야기하듯 어떤 데이터인지 알지 못하는 자료를 들고 와 해석하는 뻔뻔한 전문가들은 확실하지 않은 과학적 자료를 들이밀며 '죽음'이라는 말만 되풀이해서 공포감만 확산시키고 정치적 이득을 위한 정당은 이를 더욱 부풀려 대국민적 공포마케팅을 벌였다.

과학의 시대에 세계적 전문가들과 과학자들의 데이터와 예측자료를 믿지 않고, 많은 민간요법 중 하필이면 검증되지 않는 민간요법을 지지한다는 것은, 시대 바뀌었고 과학은 발전하였다 하더라도 주체는 예나 지금이나 사람인 데다 더욱 바빠지고 신경

쓸게 많은 요즘 사람들에겐 자극적인 이슈가 쉽게 받아들여지기 때문일 것이다. 그러기에 더 정확하게 전달되어야 하는 정보가 매우 흔한 카더라와 이익에 매몰된 뉴스로 기울여지지 않게 해야 하는 것이 국민적 관심을 받는 정당이 해야 할 책임임에도 말이다.

정부는 수천억의 비용이 들더라도 방사능 확인과 인증을 위한 수산물 관리체계와 과학적 시스템을 동반한 명확한 데이터로 검증해서 더욱 쉽고 간편하게 수산물 안전에 대한 신뢰도를 회복해야 한다. 코로나19와 후쿠시마 방사수문제로 보여줬지만, 지구는 넓기만 한 것이 아니다. 지구 속의 200여 개의 나라가 함께 공동의 일에 대처해야 하며 대한민국도 세계 전체를 바라봐야 한다. 지금이야말로 전 세계에 대한민국 국민의 힘을 보여줄 때다.

현재원　그렇다면 정치인은 무엇을 하는 사람이라고 국민에게 소개하고 싶으십니까?

황시혁　정치인들은 국민의 이야기를 대표할 수 있는 사람들입니다. 그러기 위해서 국민이 우리의 이야기를 대신해 줄 수 있는 사람을 뽑아야 합니다. 그것이 대의민주주의[29]입니다. 우리의 이야기를 하기 위해서는 언제든지 정치인을 만나셔야 합니다. 정치인도 사람인지라 모든 것을 다 알 수 없어요. 소통의 기회를 만들어줘야 하는데 정치인들이 잘 안 만나주면 그때야 비로소 데모라는 시위를 하는 겁니다. 어디서? 정치인 사무실 앞에서 제일 시끄럽게 해야 합니다. 소통과 기회를 만들어 달라고 표현해야 합니다.

현재원　이번에는 현재 진행형 질문입니다. 황 대표님께서는 정치를 왜 하고 계십니까?

29　간접 민주제(間接民主制, 영어: indirect democracy, psephocracy)는 선거 등의 절차로 국민이 직접 나서는 대신 국민의 정치적 뜻을 대표하는 대표를 선출해 간접적으로 정치에 참여하는 민주주의 제도이다. 대의 민주제(代議民主制, representative democracy)라고도 한다. 현대에는 직접 민주제보다 선호되는 정치 모델이다.

황시혁 　세상은 너무 살기 어려운 사람들의 이야기는 들어 주지 않더라고요. 그래서 저는 많은 사람의 이야기를 대변하고 싶었습니다. 처음에는 관광업계, 그다음에 미래를 살아갈 수 있는 젊은 사람들, 그리고 40대 무렵에 올라오고 있는 사회의 허리를 받쳐주는 우리 중장년들을 대변할 수 있는 사람이 되려고 노력을 할 것입니다. 정치라는 게 사람들이 굉장히 어렵고 힘들게 생각하는데, 쓰는 단어가 어려워서 그래요. 정치는 가장 쉬워야 하고, 즐거워야 하고, 좋아야 합니다. 밥 먹으면서 이야기할 수 있어야 하고, 술 안줏감으로 즐겁게 이야기할 수 있어야 합니다. 그런 희망과 꿈을 만들 수 있는 정치를 하고 싶습니다. 또 그렇게 만들어가는 싶은 정치인이 되고 싶습니다.

현재원 　지금 공천을 희망하는 지역이 북구 을인데, 북구 을 지역민들이 어떤 정치인으로 인식되고 싶으세요?

황시혁 　산타클로스 할아버지!

현재원 　무슨 뜻이죠?

황시혁　우리는 12월 24일, 25일 산타클로스를 기다립니다. 많은 사람이 없다고 이야기하지만, 그래도 산타클로스의 꿈을 꾸고 있습니다. 미래보수를 위해서 제가 정치를 하는 이유도 사람들에게 미래를 위한 희망과 목표를 만들어주고 싶었거든요. 사실 산타클로스는 현실에는 없지만, 우리 머릿속에 산타클로스라는 이름을 들었을 때 뭔가 꿈꾸고 있는 희망과 즐거움이 우리 마음속에 그려지잖아요? 저는 그런 정치인으로 인식되고 싶습니다.

현재원　황 대표님께서 다른 정치인과 다르다고 생각하거나 혹은 달라지고자 하는 점이 있다면 어떤 점이 있을까요?

황시혁　저는 두려워하지 않습니다. 그리고 두려워하지 않을 겁니다. 지금 당장 공천을 못 받을 수 있습니다. 그렇다고 현재 잘못된 점을 타협해서 다른 사람들에 저를 이해시킬 수 있는 능력이 없습니다. 무조건적인 옹호주의자들이 있는데, 그들이 더 문제를 만들어간다고 생각합니다. 우리 당에서는 뭐가 있을까요? 탄핵의 문제가 있을 겁니다. 그 점은 무조건적인 옹호로 만들어지는 게 아니거든요. 사람들을 이해시킬 수 있는 능력을 갖춰야 하고 소통의 능력을 키워야 하는데, 정치적 두려움 때문에 그쪽으로 들어가지 않았을까? 생각합니다. 제가 다른 정치인과 다르다는 점은 앞으로도 그런 두려움을 가지지 않는다는 것. 그것이 제가 추구하는 젊고, 당당한 미래보수의 형태가 될 것입니다.

현재원　황 대표님의 정치 인생에서 가장 뿌듯했던 순간과 또 가장 후회되는 순간을 손꼽아서 얘기해 주신다면 어떤 것이 있을까요?

황시혁　가장 뿌듯했던 순간은 윤석열 대통령 당선에 도움이 되었을 때입니다. 전라도 10% 득표율, 꿈이었습니다. 많은 사람이 잘 모르고 있지만, 10%를 만들 수 있었던 것은 저와 함께 가서 목포에서 활동했던 사람들의 노력이 많이 숨겨져 있거든요. 제가 천일이라는 시간 동안 호남에 있으면서 호남 사람들과 적극적인 소통을 만들어 냈다는 것이 가장 큰 정치적 상패가 아닌가 생각합니다.

후회되는 순간은 조금 일찍 시작할 걸입니다. 정치를

일찍 시작했다면 더 많은 인프라가 생겼을 것이, 더 많은 선배님이 생겼을 겁니다. 그리고 선배님들한테 인정받을 수 있는 시간이 더 생길 수 있었다고 생각합니다. 실제로 정치라는 것이 권력 구도의 상하 관계에서 만들어지더라고요. 개인의 이력들은 본인이 만들어낼 수 있지만, 정치적 이력은 스스로 만들 수가 없습니다. 현재도 대통령실에 있는 사람들은 다 임명직이잖아요. 이런 임명직에 갈 수 있었던 사람은 그 사람들 눈에 띄어서 임명된 것입니다. 일찍 정치를 시작해서 다른 사람들과 소통하고, 이를 통해 능력을 빨리 인정받았다면 목포에서 큰 별을 만들어 낼 수 있지 않았을까, 라고 감히 생각합니다.

현재원 정치 자체에 대한 회의감이 드는 순간도 있었나요?

황시혁 기득권에 의한 선택에 좌지우지되는 상황이 발생할 때 회의를 많이 느꼈습니다. 우리 당에도 많은 원외 당협위원장이 있고, 호남에도 많은 정치인이 있는데, 그들은 현재의 입지나 권한이 별로 없어서 위만 바라보고 있거든요. 나는 왜 계속 여기에 머물고 있느냐는 생각을 많이 했었어요. 저 역시 많은 프로젝트를 했는데 그 일에 대한 성과는 받지도 못한 채 말이죠. 썩은 물이란 게 보수의 무능을 만들어 낸 원흉인데, 그것은 기득권의 고착 때문에 생기는 거예요. 기득권이 고착되면 권력은 고이게 되고, 고이다 보면 썩게 됩니다. 썩는 것을 방지하기 위해서 어느 집단이든 간에 무조건 20% 정도는 혁신적인 분야를 넣어줘야 하거든요. 그렇게 20%를 항상 새로운 물로 만들어 줘야 하는데, 그것을 못 하니까 한 번씩 정치에 회의를 느낀 때도 있습니다.

현재원 여야 정치권이 국민의 신뢰를 얻기 위해서는 어떤 변화가 필요하다고 생각하십니까?

황시혁 먼저 정치권은 달라져야 합니다. 쓰는 멘트가 달라져야 해요. 대중에게 표를 받는 사람들은 대중의 말을 이해할 수 있어야 합니다. 대중에게 정치인의 말을 인식시키려고 하니까 너무 어렵잖아요. 그러면 대중이 점점 더 멀어집니다. 대중이 좀 더 가까이 오게 하려면 그들의 삶에서 익숙한 그들의 이야기를, 그들의 단어를 함께 이용해 줘야 하는 것입니다. 그러기 위해서는 정치인들이 더 열심히 공부해야 한다고 생각합니다. 사람들이 정치 커뮤니티가 나쁘다고 하지만, 정치 커뮤니티가 왜 나쁜지는 이해해야 하지 않겠습니까? 경험을 해봐야 합니다. 민심은 책 속에만 있는 것이 아니라, 국민과 함께 있어야 하니까요.

현재원　국민이 정치인 황시혁을 잘 활용할 수 있는 방법, 황시혁사용법이 따로 있을까요?

황시혁　저의 SNS는 항상 열려 있습니다. 만나고 싶으신 분들은 연락을 주시면 언제든지 달려가겠습니다. 다만 제가 아직 아쉬운 건 원외입니다. 이번에 힘을 좀 팍팍 불어넣어 주시면 더 큰 역량을 발휘할 수 있지 않을까 생각합니다. 저의 활용 방법은 여러분들의 한 표가 아니겠습니까?

현재원　정치인 황시혁의 목표나 꿈이 있다면 어떤 것들이 있을까요?

황시혁 제가 가지고 있는 미래보수라는 단어를 많은 사람에게 인식시켜주고 싶습니다. 미래보수는 '현재 보수가 가진 틀을 깨고 함께 살아가기 위한' 뜻입니다. 미래보수에는 뭐가 있을까요? 함께하는 따뜻한 시장경제가 있습니다. 그리고 꿈과 희망, 도전과 열정이 있습니다. 이것을 저는 사람들에게 꼭 이야기해 주고 싶습니다. 그래서 많은 사람이 미래보수가 되었으면 좋겠습니다.

현재원 정치인 황시혁을 형용사로 표현한다면 어떻게 표현할 수 있을까요?

황시혁 끝까지 해 보는 도전, 희생, 그리고 포기는 언제든지 할 수 있습니다. 언제든지 다시 할 수 있으니까 조금 뒤에 밀어 놓는 게 어떨까요?

이쌍규 정치인 황시혁이 아니고, 인간 황시혁을 주위 사람들한테 소개한다면?

황시혁 여러분들과 함께 항상 이야기하고 싶은 잘생긴 황시혁입니다. 예쁘게 봐주십시오.

젊고 당당한 미래보수 황시혁

이쌍규 자화자찬이 좀 심한 거 아니에요? 그러면 본인하고 닮은 배우가 있습니까?

황시혁 잘생겼잖아요, 배우는 없고 이미지는 조국하고 닮았다고 이야기하는 것을 들었습니다.

이쌍규 그럴 수도 있겠다. 보수 조국인가요?

황시혁 아직 정치적 영향력은 제가 너무 부족합니다. (웃음)

현재원 마지막으로 북구 을 지역구 주민들에게 한 말씀 드린다면 어떤 말씀을 하고 싶으신지요?

황시혁 바꿔 봅시다. 지금 북구에는 북구 을을 책임질 그 누구도 없어요. 왜 토박이가 중요한지, 왜 강조되는지 아십니까? 우리 동네를 대표할 수 있는 경험 많고 능력 있는 사람이 왔기 때문입니다. 뭣이 중요합니까? 대구 북구 을은 이제 바뀔 때도 됐습니다. 언제까지 고착화의 도시, 언제까지 막혀 있는 도시라고 놀림을 당할 겁니까? 혁신의 힘으로 북구 을에서 사고 한번 쳐보지요!

미래가 다가왔습니다.

이쌍규 진짜 하고 싶은 말. 마지막으로 진짜 이것은 내가 꼭
하고 싶은 말이 있으면. 이야기 한번 해 보시죠?

황시혁 세상에는 인재가 정말 많습니다. 정말 많은데 왜 사람
들은 주변에만 눈이 머물러 있는지가 너무 아쉽습니
다. 정치하는 사람들도 그렇고, 일반인들도 그렇습니

젊고 당당한 미래보수 황시혁

다. 시야가 좁아지면 발전이 없다고 생각합니다. 안과 밖의 넓은 시야를 가지면서, 함께 인재들을 어떻게 잘 육성할 수 있는지에 관한 공감 능력과 추진력, 통찰력을 가질 수 있는 국민의힘을 꼭 만들고 싶습니다. 그러면 국민의 힘은 대한민국 국민 최소한 60%의 지지는 받지 않을까 생각합니다. 이제 시야를 넓혀야 시대입니다. 결론은 황시혁을 잘 지켜봐달라는 뜻. 아시죠? 감사합니다.

청년에서 아빠로, 세상은 변화합니다.
황시혁은 이제 "아빠입니다."

끝이 있다는 것은 혁신을 의미한다고 합니다. 영원히 이어지지 않는 시간에 우리는 그때의 찰나에 할 일이 있는 것이지요. 그리고 우리에겐 과거와 역사를 이어가기 위해 순간이라는 선택을 하게 됩니다.

저는 2020년 4월 전라남도 목포에 출마한다는 선택을 했습니다. 대구 출신의 정치 초년생이 호남 목포라 쓰이고, 사지라 불리는 곳에 출마를 결심하게 된 것은 오로지 '정권교체' 하나의 이유였습니다.

진보정당인 민주당이 정부 여당이라 불린지 5년 만에 "삶이 너무 어려웠기 때문이죠."

민주당의 '민주'는 민주적이지 않았고 '586'의 전유물이 되어 버린 정치는 국민의 삶을 더욱 힘들게 하고, 끼리끼리 무리 짓는

집단 정치만을 이루어지고 있었습니다. 그때 저에게 목포라는 선택은 청년의 '무모한' 도전과 뜨겁기만 한 '열정'이 아니었습니다. 쉽게 보면 한 지역은 숫자 1을 의미하지만, 주변에 주는 영향력은 3이나 4, 5라는 영향을 주는 걸 알기에 할 수 있는 결심이었고 뚜렷한 계획도 있었습니다.

당시 청년의 바람은 목포에서부터 시작하였고, 대통령 선거 때 20대만으로 꾸려진 유세단은 주변에 새로운 바람을 불러일으켰고, 젊음이라는 것은 진보나 보수를 다투는 사람들에게도 부정적 이미지를 지우기에 충분했습니다. 다만 계획이라는 것이 총선 당선을 위하는 것은 아니었습니다. 목포에 출마한 보수 정당의 후보가 당선을 목표로 두고 할 수 있었겠습니까? 게다가 2020년 21대 총선엔 '탄핵'이라는 블랙홀 같은 이슈로 비슷한 시기에 치러진 지방선거 결과에 거의 전 선거구 1위 당선은 진보 정당이라는 결과를 두고 있었습니다. 보수의 텃밭 대구·경북의 기초의원조차도 '탄핵' 블랙홀 안에 있었던 시기였죠.

그래서 저에겐 '정권교체'라는 목표밖에 없었습니다. 물론 현실은 암담했었지만….

목포에선 '책임당원'의 숫자는 20명 남짓이었고, 저랑 함께 있다는 이유만으로 주변의 구설에 오를 수 있는 눈이 무서워 커피 한 잔 편하게 마시지 못했고, 손쉽게 많은 이들에게 연락할 수 있는 카카오톡 단체방은 본인의 이름이 노출되니 순식간에 빠져 나가버리기 일수였습니다.

독립운동하는 독립투사들의 마음가짐이 그랬을까요?

현실이 그렇다고 해도 '그래도 했습니다. 누군가는 해야 하는 일이었고, 지는 싸움이라도 포기하지 않고 해야만 한다면 해야 하니까요.'좌절이나 포기라는 마음이 생기기 전에 한사람, 한사람 만나면서 더욱 바삐 움직였고, 다음 먹거리를 위해 '목포시 전면 면세화 구역'이라는 새로운 대안을 제시하였습니다. 또한 전남을 5.18과 분리하기 위해 광주의 한 건물에 있었던 '광주시당'과 '전남도당'을 분리시켜 전남도청 앞 무안으로 이전시켰습니다. 비로소 전남의 당원들이 쉴 수 있는 공간이 생겼고 주변의 지역 당원들이 손쉽게 접근할 수 있는 접근성의 기회를 만들었습니다. 비로소 호남의 당원들에게 할 말이 생겼던 것이었고, 용기를 주는 상징적 의미였습니다.

정치는 정치적으로, 행정은 행정적으로 접근된 방법에 "성공"이라는 글씨가 쓰일 즈음 어느덧 대통령 선거가 다가온 3년의 세월이 지났고, 23명의 책임당원은 어느새 500여 명의 책임당원이 되어 우리와 함께하고 있었습니다. 아직 주변의 '눈'이라는 것이 있고 그들의 '삶'이라는 것이 있기에 앞장서서 당당하게 이야기할 순 없었지만, 그래도 우리는 "함께"였습니다. 그들이 샤이보수라는 이름으로 힘이 되어 목포에서 '최초'로 보수당 대통령 후보자 두 자릿수라는 득표율을 만들어 냈으며 "정권교체"의 목표를 이루어 냈습니다.

그 후 우리는 여권이 되었고 목표를 이룬 저는 당협위원장이라는 직위와 그동안의 업적을 포기하고, '내 고향 발전'이라는 목표를 위해 고향 대구로 돌아왔습니다.

이제 청년 '황규원'은 없지만 '황시혁'(改名)으로 보수라는 가치를 이야기할 수 있는 든든한 경험을 쌓아 왔고, 호남에서 보수를 위한 투쟁을 한 투사로, 청년이라는 그들의 문화를 직접 경험 한 경험자이자 청년들의 맏형으로, 지킬 것 있는 두 아이의 아빠로 돌아왔습니다.

"헌신" "희생" "올바름" "도전" "열정"

"황시혁"을 이야기하는 단어입니다.

그리고 그동안 제 고향 대구 북구 을 칠곡은 어땠습니까?

말 한마디 하지 못한 대표를 두어, 지역의 먹거리 매천시장(농수산물도매시장)은 이전 결정되어 앞으로의 먹거리를 걱정하게 되었고, 선출직들은 무언가 특색있는 전략 하나 없이, 공략 하나 없이, 시간만 지내다 보니 지역민들은 내 지역이 아닌 주변의 발전만 바라보게 되었습니다.

왜 그럴까요?

우리는 우리 지역 대표를 우리 스스로, 우리 손으로 지역의 대표로 키우지 않았고, 기껏 뽑아 놓은 사람들은 디지털 미디어와 소통의 시스템이 빨라진 시대에 앞서나가지 못하여 소통도 못했고, 자신의 안위를 위해 지역의 목소리는 내지도 못하였고, 가장 큰 문제는 지역을 잘 알지도 못한다는 것이었습니다.

젊고 당당한 미래보수 황시혁

결정하는 선출직은 본인의 안위만 신경 쓰며 평생을 살았던 관료가 되면 안 됩니다. 무릇 도전 정신과 미래를 위해 희생할 수 있는 기본이 준비되어 있어야 합니다. 또한 지역을 위해 투쟁하고, 지역을 위해서라면 어떠한 목소리를 낼 수 있는 사람, 책임을 질 수 있는 사람을 만들어야 합니다.

보수를 위해 1,000여 일을 "희생"했고, 지역을 위해 "투쟁"했으며, 과거의 영광을 가져오기 위해 "도전"했고, 성공하기 위해 "열정"을 다해 왔습니다. 이제는 제가 살아온 "고향"을 위해 더 열심히 뛰겠습니다. 다음 주자의 바톤을 저에게 올 수 있도록 도와주십시오.

지난 시간을 되돌아보면, 황시혁은 아이들의 미래와 우리의 삶을 위해 '정권교체'를 외쳤으며 젊기에 '청년'들과 함께 소통하고, 미래를 알기 위해 '어른'과 '선배'에게 머리 숙였으며, 올바름을 위해 '소리'내고 우리의 '삶'을 위해 도전하였습니다. 가진 것은 부족하지만 식지 않는 '열정'으로 주변의 사람과 내 아이가 따뜻하길 바라는 마음은 모든 부모가 그렇듯 황시혁은 이제 청년에서 아빠로 돌아왔습니다.

에필로그

    어릴 때부터 문화적 경험의 시간이 부족한 것을 고민하다가, 나중에 '문화관광부 장관'이 되는 담대한 꿈을 꾼 '까불이' 칠곡 소년. 고등학교 때 아이돌 가수를 지망한, 자유의지가 충분한 청년 춤꾼. 호텔 경영학과 언론 영상학과를 복수로 전공한 성실한 대학생. 1111 육군 1기동대 인간 방패막이의 전투경찰 출신. 미국 유학 경비를 부모 도움 없이 스스로 마련한 대학생 편의점주. 광고회사 CF PD에서 관광여행 산업의 혁신사업가로, 도전과 실패를 두려워하지 않는 열정의 사나이. 정권교체의 마중물을 자처하며. 대구 출신이면서도 전남 목포에 출마한 헌신과 희생을 아는 청년 정치인. 정치 멘토가 없는 고립무원의 정치적 지역에서 국민의힘 500명 책임당원으로, 보수정당의 윤석열 대통령 후보를 호남 3권역에서 10% 이상 전부 다 득표시킨 정권교체의 숨은 젊은 일꾼.

과연 이 사람은 누구일까? '시원하게 혁신하겠다'라는 '황시혁'이라는 이름을 가진 대구의 젊은 정치인이다. 황시혁 대표를 처음 만나 서로 인사를 할 때, 그의 인사말은 아주 독특했다. "보수의 미래를 만들겠습니다. 젊고, 당당한 미래보수 황시혁입니다" 잘생긴 얼굴에서 나오는 대구 사투리 억양의 인사말은 한편은 우습기도 했지만, 또 한편으로는 진중하기도 했다. 그의 인사말은 상대방에게 궁금점을 유발하는 의문형의 인사말이었다. 인사가 끝나고 인터뷰어는 의문의 질문을 하였다. "보수의 미래가 무엇인가요?", "당당한 미래보수는 무엇인가요?" 그러자 황 대표는 마치 질문을 기다린 사람처럼, 또박 하게 자기 인사말의 의미를 설명해주었다. 곰 같은 여우의 전략적 소통 꾀에 말린 느낌이 들었다.

황 대표의 긴 인터뷰 이야기를 키워드로 정리하면, **'도전, 열정, 헌신, 희생, 혁신, 올바름, 미래'**로 말할 수 있을 것이다. 이 키워드를 제대로 이해하면, 황시혁 대표의 모든 정치 활동을 올바르게 평가할 수 있다.

도전과 열정. 코로나는 위기와 기회를 동시에 준 '인생의 전환점'이었다. 원래 '정치를 한번 해보겠다'라는 생각은 평소에 가지고 있었는데, 코로나 사태가 황 대표를 정치 도전의 기회로 이끌었다. 관광여행 산업 600만 명 종사자의 이익을 대변하는 국회의원이 단 한 명도 없는 슬픈 사실이 그의 도전을 더욱더 촉매시켰다. 코로나가 끝나자, 시작과 동시에 그가 운영하는 '관광여행 산업 주식회사'를 그만두고, 관광산업 종사자의 이익을 위해 정치에 자신 있게 입문하였다.

헌신과 희생. 그는 사소취대(捨小就大)의 정신을 가진 낭만의 정치인이다. 작은 것을 탐하지 않고 버리며, 큰 것을 취하는 통(桶)과 간(肝)이 큰 사람이다. 한마디로 소탐대실(小貪大失)하지 않는 전략적 사고를 가졌다. 그는 정권교체의 호남 교두보를 마련하기 위해 목포 출마를 결심했다. 편하게 대구에서 출마할 수 있었지만, '정권교체'의 대의를 위해서 호남에서 10점 맞는 국민의힘 험지를 스스로 선택했다. 누군가 해야 한다면, 자기부터 먼저 헌신과 희생을 할 줄 아는 사람이다. 끊임없이 도전하고 실패하면서 상처를 마무리시키는, 겁내지 않는 그의 성격도 그런 결심을 하게 된 큰 요인일 수도 있다. 황 대표는 '패배하는 싸움'도 할 줄 아는 당당한 젊은 정치인이다. 그 후 대선 결과, 보수정당의 윤석열 대통령 후보가 호남 3권역에서 10% 이상 득표를 획득했다. 87년 직선제 이후로 처음으로 두 자릿수를 득표했다.

혁신과 올바름. 황 대표는 청년 정치를 표방하는 천하람과 이준석 대표처럼 언론의 많은 조명을 받지 못했다. 그러나 그가 가지는 있는 정치 콘텐츠의 내공은 대단하다. 팬덤과 청년 아이콘만으로는 훌륭한 정치인이 될 수 없다. 이준석 대표는 정치적 리더가 아니고, 한순간의 이슈메이커이다. 청년이라는 단어에 대한 환상만 심어주고, 컨텐츠의 정답을 내주지 않고 있다. 이준석 대표의 방식은 겉 포장만 다른, 유승민 대표의 비방정치와 똑같다. 그러나 황시혁의 청년 정치는 '혁신과 도전, 희생'이다. 그는 도전하고, 부러지고, 도전하고, 상처받고, 도전하고, 생존한다. 그는 밑바닥부터 올라오는 삶의 생존력이 있는 젊은 정치를 하고 싶어 한다. 공천에 눈치 보고, 윗사람의 눈치도 보지 않는다. 황시혁의 혁신 길은 천하람과 이준석의 길과는 다르다. 같은 청년 정치인이지만, 혁신의 결이 다르다.

미래. 황시혁의 정치 브랜드는 '미래보수'다. 미래보수라는 게 많이 어려운 것이 아니다. 미래보수의 가장 큰 핵심은 '보수의 태생적 한계'를 깨트리는 것이다. 그는 혁신정치에 대한 열망과 희망을 준비한다. 또한, 그는 보수의 '반칙 특권과 습관화'를 거부하는 당당한 미래 보수주의자이다. 사회적 약자에 대한 공유와 공동화를 주장한다. 공유의 기회를 만드는 정치 리더십를 추구한다. 무능한 보수에서 유능한 미래보수로 대전환을 고민하는 야무진 꿈을 가진 정치인이다.

그는 조국처럼 잘생긴 외모를 가진 정치인이다. 그는 아직까지는 정치적 영향이 적은 '보수 조국'이라고 농담한다. 농담 속에도 뼈가 있다. 황시혁의 정치적 롤 모델은 미국 대통령 '우드로 월슨'이다. 그가 평소에 주장한 정치적 어록 속에서 한국의 어느 젊은 정치인의 도전과 열정이 오버랩 (overlap) 되는 것 같다. 미래는 황시혁이다.

"나는 결국 실패할 대의를 추구하여 승리하기보다는, 결국 승리할 대의를 따르다 실패하겠다."

– 이쌍규 씀

젊고 당당한 미래보수 황시혁